U0421354

快与慢

一只蜜蜂
一只蜘蛛

蜜蜂代表了古人的一种品位,蜂巢稳定有序,是有理数的象征:确定和优雅。

蜘蛛象征了现代人的一种理性,蜘蛛网呈几何图形,是无理数的代表:不确定和不斯文。

蜜蜂筑巢,无论采集什么,都滋养了自己,但丝毫无损花朵的芳香、美丽和活力。

蜘蛛吐丝,无论形状怎样,都是织造粘网,为了猎杀他者……

"轻与重"文丛的 2.0 版

主　编 点　点

编委会成员（按姓氏笔画排序）

伍维曦　杨　振　杨嘉彦　吴雅凌　陈　早
孟　明　袁筱一　高建红　黄　蓓　黄　荭

希腊哲学的开端,
其实也代表着西方文化的开端。

——伽达默尔

华东师范大学出版社六点分社　策划

本书受"中国陆地边疆治理协同创新中心"资助

快与慢
点点 主编

哲学的开端

[德] 伽达默尔 著　赵灿 译

Hans-Georg Gadamer
Der Anfang der Philosophie

华东师范大学出版社

缘 起

倪为国

1

继"轻与重"文丛,我们推出了 2.0 版的"快与慢"书系。

如果说,"轻与重"偏好"essai"的文体,尝试构筑一个"常识"的水库;书系 Logo 借用"蝴蝶和螃蟹"来标识,旨在传递一种悠远的隐喻,一种古典的情怀;"快与慢"书系则崇尚"logos"的言说,就像打一口"问题"的深井,更关注古今之变带来的古今之争、古今之辨;故,书系 Logo 假托"蜜蜂和蜘蛛"来暗合"快与慢",隐喻古与今。如是说——

> 蜜蜂代表了古人的一种品位,蜂巢稳定有序,是有理数的象征:确定和优雅。
>
> 蜘蛛象征了现代人的一种理性,蜘蛛网

呈几何图形,是无理数的代表:不确定和不斯文。

蜜蜂筑巢,无论采集什么,都滋养了自己,但丝毫无损花朵的色彩、芳香和美丽。

蜘蛛吐丝,无论形状怎样,都是织造粘网,为了猎杀他者……

2

快与慢,是人赋予时间的一种意义。

时间只有用数学(字)来表现,才被赋予了存在的意义。人们正是借助时间的数学计量揭示万事万物背后的真或理,且以此诠释生命的意义、人生的价值。

慢者,才会"静"。静,表示古人沉思的生活,有节制,向往一种通透的高贵生活;快者,意味"动",旨在传达现代人行动的生活,有欲望,追求一种自由的快乐生活。今日之快,意味着把时间作为填充题;今日之慢,则是把时间变为思考题。所以,快,并不代表进步,慢,也不表明落后。

当下,"快与慢"已然成为衡量今天这个时代所谓"进步"的一种常识:搜索,就成了一种新的习惯,新的生活方式——我们几乎每天都会重复做这件事情:搜索,再搜索……

搜索,不是阅读。搜索的本质,就是放弃思考,寻找答案。

一部人类的思想史,自然是提问者的历史,而不是众说纷纭的答案历史;今日提问者少,给答案人甚多,搜索答案的人则更多。

慢慢地,静静地阅读,也许是抵御或放弃"搜索",重新学会思考的开始……

3

阅读,是一种自我教化的方式。

阅读意义的呈现,不是读书本身,而是取决于我们读什么样的书。倘若我们的阅读,仅仅为了获取知识,那就犹如乞丐渴望获得金钱或食物一般,因为知识的多少,与善恶无关,与德性无关,与高贵无关。今天高谈"读什么",犹如在节食减肥的人面前讨论饥饿一样,又显得过于奢求。

书单,不是菜谱。

读书,自然不仅仅是为了谋食,谋职,谋官,更重要的是谋道。

本书系的旨趣,一句话:且慢勿快。慢,意味着我们拒绝任何形式对知识汲取的极简或图说,避免我们的阅读碎片化;慢,意味着我们关注问题,而不是选择答案;慢,意味着我们要回到古典,重新出发,凭靠古传经典,摆脱中与西的纠葛,远离左与右的缠斗,跳出激进与保守的对峙,去除进步与落后的观念。

从这个意义上说,我们遴选或开出的书单,不迎合大众的口味,也不顾及大众的兴趣。因为读书人的斯文"预设了某些言辞及举止的修养,要求我们的自然激情得以管束,具备有所执守且宽宏大量的平民所激赏的一种情操"(C. S. 路易斯语)。因为所谓"文明"(civilized)的内核是斯文(civil)。

4

真正的阅读,也许就是向一个伟人,一部伟大作品致敬。

> 生活与伟大作品之间/存在古老的敌意(里尔克诗)。

这种敌意,源自那个"启蒙",而今世俗权力和奢华物质已经败坏了这个词,或者说,启蒙运动成就了这种敌意。"知识越多越反动"恰似这种古老敌意的显白脚注。在智能化信息化时代的今日，这种古老的敌意正日趋浓烈，甚至扑面而来，而能感受、理解且正视这种敌意带来的张力和紧张的，永远是少数人。编辑的天职也许就在于发现、成就这些"少数人"。

快，是绝大多数人的自由作为；慢，则是少数人的自觉理想。

著书，是个慢活，有十年磨一剑之说；读书，理当也是个细活，有十年如一日之喻。

是为序。

目 录

英译者前言 ……………………………（ 1 ）

1　开端的含义 …………………………（ 1 ）
2　进入开端的释义学途径 ……………（ 16 ）
3　稳固的根基:柏拉图和亚里士多德……（ 36 ）
4　生命与灵魂:《斐多》………………（ 49 ）
5　自然与精神之间的灵魂 ……………（ 62 ）
6　从灵魂到逻各斯:《泰阿泰德》和
　　《智者》………………………………（ 77 ）
7　亚里士多德的学述方法 ……………（ 93 ）
8　亚里士多德的《物理学》中的
　　伊奥尼亚派思想 ……………………（112）
9　巴门尼德与凡人的意见 ……………（129）
10　巴门尼德与存在……………………（148）

索引 …………………………………… (178)

附录　伽达默尔论哲学的开端 …………… (192)

中译者后记 …………………………………… (219)

英译者前言

"在我关于前苏格拉底哲学的演讲中,最值得注意的关键是,我既非从泰勒斯,也非从荷马开始,更非从公元前2世纪的希腊语言开始;相反,我从柏拉图和亚里士多德开始。在我看来,此乃哲学式地解释前苏格拉底的唯一途径。其他任何方式都是脱离哲学的历史主义。"用这种毫不含糊的话,伽达默尔开始了一番哲学的、历史学的探索。在这番探索中,伽达默尔剥离了2500年来学者们对前苏格拉底哲学的解释和误释。通过频繁地从古代的辛普里丘、第欧根尼·拉尔修转到19世纪的德国史学家,再到黑格尔、尼采、海德格尔,伽达默尔在这里向我们展示他论述前柏拉图和亚里士多德哲学的仅有的达到著作篇幅的作品,也是他全部作品中少数延伸处理前苏格拉底哲学的作品之一。而这样一本对文本再现、文本接受和文本解释进行全面批评的书,也将会有它自己独特的"学述史"(doxographical history)①,这是不是颇具讽刺意味,又或者纯属奇妙的偶然,对此我并不肯定。

此处的演讲缘起于伽达默尔上一次关于前苏格拉底哲学的演讲课,时间是 1967 年末,也就是他在海德堡大学退休成为荣誉教授不久前。约 20 年后,即 1988 年,伽达默尔受"哲学研究所"(Instituto per gli Studi Filosofici)之邀,发表了另一系列关于前苏格拉底哲学的演讲,演讲以脱稿方式进行,伽达默尔本人自称他操着"非常蹩脚的意大利语"。维托里奥·德·车萨瑞(Vittorio De Cesare)誊写了这些演讲的录音磁带,并作了文字方面的润色,于 1993 年冠以《西方哲学的开端》(L'inizio della filosofia occidentale)之名出版。雷克拉姆出版社(The Reclam publishing house)后来请伽达默尔以约阿齐姆·舒尔特(Joachim

---

① "学述"乃 doxography 之汉译,该词由希腊词 doxa(意见)与 graphy(书写)组合而成,也可译为"思想撰述",意思是,对散见于各种文献中的观点和学说进行汇编整理,并在此基础上对这些观点和学说进行解释。最先明确使用这种方法的是第欧根尼·拉尔修。伽达默尔认为,亚里士多德在《物理学》《形而上学》中采用了该方法,对前苏格拉底哲学进行阐释,详见本书第 7 章《亚里士多德的学述方法》。伽达默尔在本书还提到了与"学述/思想撰述"相对的"历史撰述"(historiography)。——中译注

Schulte)对意大利文的翻译为基础,加工出了该书的德文版。我们这个英译本即以伽达默尔对舒尔特的译文所进行的最终校订、雷克拉姆出版社1996年所出版的《哲学的开端》(*Der Anfang der Philosophie*)为底本。

因此,作为这些演讲的英译者,我所面对的乃是最终以德语[演讲课]为基础的一系列讨论文本;但这些讨论原本是以意大利语发表的,再经誊写和校订之后在意大利出版,最后又译回德语并经作者本人校订方得以在德国出版。可以想象,这种曲折的文献史,难免会给制作一个"精准的"、可读的英文版带来不少困难。事实上,尽管德文版极具可读性,但我仍不满意它的某些小错误(大多都是书目性质的)以及许多由录音誊写所导致的不连贯修辞。

在最后的编辑过程中,理查德·帕尔默(Richard Palmer)碰巧在海德堡,通过他的有益调解,我的书目错误全都得到了伽达默尔的更正。而且,与德语差距较大的修辞结构也得以在脚注中注明和解释。在许多情况下,我没有注明就调整了伽达默尔对希腊文的德文翻译的句读,以使它们通体保持连贯。我还对希腊文作了音译处理,以增加它的可读性,但语言学家可能会注意到,在我的音译中有某种有意的不协调。纯属视觉方面的原因,我把希腊字母 upsilon 写作了罗马字母的"u",除某些固定的哲学术语之外,如"physis""hyle""hypokeimenon",它们仍按传统方式写作罗马字母的"y"。

虽然我独自对任何谬误或不足承担责任,但我想特别感谢两个人的无价帮助。首先是理查德·帕尔默,他既负责在伽达默尔教授与我之间传递问题与答案,又很友善地阅读和评论了我的译文;其次是西格丽德·科普克(Sigrid Koepke),她仔细阅读了我的原始草稿,帮我解决了德语的一些非常微妙的文法困难。我还想感谢位于达拉斯的德克萨斯大学的查尔斯·巴姆巴赫(Charles Bambach),感谢他关于语言和哲学的各种有益建议。

1
开端的含义

为了确切提出这里所要探讨的主题——这是一个长期吸引我的主题——我又从1967年末我在海德堡最后的课程演讲笔记出发。实际上,从那以后,我就一直认为那次课程演讲的线索值得再次重提。

这个主题就是希腊哲学的开端,其实也代表着西方文化的开端。这个主题不仅具有历史的趣味,它还涉及我们当今的文化问题,当今文化将发现自身不仅处于一个巨变阶段,而且还处于一个不确定的、缺乏自信的阶段。因此,我们坚持建立与其他所有不同文化的联系,即那些不同于我们自己的、不是发源于希腊的文化。这是我们对希腊思想最初发展阶段感兴趣的一个缘由。这样一种对前苏格拉底思想所进行的考察,是与我们息息相关的。它将加深我们对自身命运的理解,这一命运恰与希腊哲学及科学一起,从希腊在地中海世界取得航海优势和贸易优势而开始。一种快速的文化发展立即紧随其后。最早的前苏格拉底学派起源于小亚细亚,起源于米利都或者以弗所的沿岸,总之,起源于在当时整个地中海世界的商业和文化领域占统治地位的地区,这绝非偶然。

这就是我想探讨的主题,显然它只是在特定范围之内,没有任何要求可穷尽它。像这类探索事业绝不会因达到事先预定的目的而结束,正如你们所见,时隔这么多年,我又再次回到同样的主题,目的是提出一些新问题,这些问题曾经出现过,但现在又以全新的、我希望也是更好的思想形式来提出它们。

在这里,我认为有必要以一个导论性的方法论思考而开始,这在某种程度上有助于证明我的方法:在我关于前苏格拉底哲学的演讲中,最值得注意的关键是,我既非从泰勒斯,也非从荷马开始,更非从公元前2世纪的希腊语言开始;相反,我从柏拉图和亚里士多德开始。在我看来,此乃哲学式地解释前苏格拉底的唯一途径。其他任何方式都是脱离哲学的历史主义。

这个初步的主张需要加以证明。我们知道,浪漫主义最早致力于前苏格拉底哲学研究,并从原始文献出发对它进行解释。在18世纪的欧洲大学,还没有形成以原始文献研究柏拉图哲学或者其他哲学的规矩。人们所使用的只是手册。而原始文献研究的开始,标志着人们的态度发生了转变,这种转变应归功于巴黎大学、哥廷根大学,以及其他欧洲大陆的大学。在这些大学里,伟大的人文传统依然存活——当然就像它最早、最先存活在英国的大学里一般。

德国的哲学教师中,最先敲开前苏格拉底哲学研究和阐释大门的是黑格尔和施莱尔马赫。黑格尔在这方面的重要地位——不仅因为他死后由朋友出版的《哲学史讲演录》——是众所周知的。(其实这是一个相当不充分的版本,尽管它固守黑格尔的思想范围;但其遗作仍没有以这位多产思想家所应得的勤奋态度而加以编辑。)除此之外,在黑格尔的作品中,还有不少地方令人印象深刻地表明前苏格拉底哲学对黑格尔思想的重要性。例如,《逻辑学》(*Science of Logic*)这部"体系性"作品的开端声称要以辩证的方式修正康德的先验逻辑构架。如果对比黑格尔在这里所讲的开端与早期手稿处理康德范畴系统的方式,这是非常有趣的,我们将看到这些概念如何逐步展开,从一个到另一个,最终辩证地过渡到"理念"(Idea)。黑格尔在耶拿时期的早期著作还没有《逻辑学》最著名的章节——准确说就是论述存在、无、生成的整个第一章。黑格尔后来补充了这章,其中有些内容近乎费解——它引入了三个开端范畴(即存在、无、生成),这三个范畴优先于一切逻各斯(logos),因此优先于任何命题形式。黑格尔以这些神秘的简单概念开始,这些概念虽不能以命题的形式加以确定,但它们却具有奠基性的作用。此处即有黑格尔辩证思想的开端——一种以前苏格拉底哲学的方式而实现的开端。在黑格尔哲学的其他伟大作品即《精神现象学》(*Phenomenology of Spirit*)里,我们也能看到类似情况:我们可把该书的第一章理解为对哲学史课程有关前苏格拉底哲学所进行的无可比拟的评注,该课程也就是黑格尔本人在当时所作的演讲。我认为,很明显,黑格尔乐意受哲学初始阶段的引导,以便阐述他的思想的辩证法体系。因此我们可以下结论说,不仅对希腊古典哲学的历史研究伴随黑格尔始于19世纪,而且在哲学与前苏格拉底之间所进行的不断更新着的对话,也同样始于这个时候。

另外就是伟大的学者和思想家施莱尔马赫,同时他也是著名的神学家和柏拉图作品的德语译者。在各种文化的翻译领域,施莱尔马赫的成就堪称典范。他开创了各种人文学者结合的先河——比如他一方面是语文学家和神学家,另一方面是哲学家。近年,图宾根学派的康拉德·盖泽(Konrad Gaiser)和汉斯-约阿希姆·克莱默(Hans-Joachim Krämer)追随莱昂·罗班(Léon Robin)发现的柏拉图学说传授的间接传统,正如你们所知,已经导致了一个新名词的产生——"施莱尔马赫主义"(Schleiermacherianism)。这个德语名词听起来很糟糕,我认为它完全丢失了本来具有的内涵特征。在我看来,施莱尔马赫最值得称道的是,他在不断研究柏拉图时,不仅把柏拉图当作作家,而且也把柏拉图当作辩证的、思辨的思想家。

相比黑格尔,施莱尔马赫对现象当中的个体更具特殊情感。个体的发现,这确实是浪漫主义文化的最大成就。那句著名的固定短语——个体是"妙不可言的"(ineffabile)——也就出现在浪漫主义时期,这意味对个体的独特性进行概念式的把握是不可能的。诚然,这个短语后面没有任何著述传统;但其要旨却早已体现在柏拉图的早期阶段和亚里士多德形而上学之中,即当逻各斯的差异(differentiating of *logos*)在不可分的理念(indivisible *eidos*)中发现它的界限时。

在施莱尔马赫那里，我们能看到一种具有高度灵活性的辩证法和一种思辨哲学，与一种令人钦佩的古典学和人文主义的博学完美结合在一起。作为一位神学家，除了大部头著作，他还写过一系列论文，目的在于解决古希腊哲学与基督教之间肤浅的、无根据的等同。多亏了他，前苏格拉底哲学研究的星星之火才得以成为燎原之势。他的学生博兰迪斯（Christian August Brandis）写了一本关于希腊哲学的巨著①，并且成为柏林历史学派直至爱德华·策勒尔（Eduard Zeller）为止的灵魂人物。

现在，我要中断对这些致力于前苏格拉底的历史研究所涉及的开端含义的考察，提出一个理论性的问题：说前苏格拉底哲学是西方思想的开端，是西方思想的 principium，这究竟意味着什么？此处的"principium"一词是什么意思？有许多关于 principium 的不同概念，如在希腊文中是"archê"，它包含 principium 的两种含义：起源、开端的时间含义；思辨的、逻辑-哲学的含义。按学

---

① *Handbuch der Geschichte der Griechisch-romischen Philosophie*（《希腊罗马哲学史手册》）。

院性的用法，"principium"在原理的意义上也被一般性地用来指"哲学"，但目前我不管这个事实。相反，我将把"principium"的范围局限在"开端"（beginning, Anfang）的意义上来理解。德语单词"Anfang"往往代表思想的困难。例如，有世界的开端问题或者语言的开端问题。开端之谜包含许多思辨的方面，对这些问题深入探讨是值得的。

在某种程度上，亚里士多德已经发现了开端这一概念内部的辩证关系。在《物理学》中（我认为特别是第五卷），他认为运动结束于静止，因为一个运动结束时，一定有某种东西保持在完成之处。但什么是它的开端呢？运动始于何时？完成于何时？当完成时什么有生命的东西开始死亡？死亡开始于何时？毕竟，一旦某种东西死了，则其开端之时再也不受关注。时间之谜与此类似，亚里士多德的辩证法框架同样注意到了：时间没有开端，因为当我们设想某个时刻作为开端，我们不可避免要考虑另一个比它更早的时刻。因此，时间也没有逃脱开端的辩证法。

在我们的研究主题中，倾向是明显的：前苏格拉底的历史开始于何时？是像亚里士多德告诉我们的，始于泰勒斯吗？这是我们的讨论将要处理的一种观点。而我们同时也注意到，关于开端问题,亚里士多德还提到了荷马和赫西俄德,他们是最早的"理性神学"(theologizing)的作者,或许可以说,在以理性解释生活和世界的道路上,伟大的史诗传统也是其中的重要一步,而且是比前苏格拉底哲学更早的一步。

除了这些,还有更晦暗的先驱——这是比任何书写传统都早的东西,既比史诗早,也比前苏格拉底早,它就是希腊人所使用的语言。语言是人类历史最大的谜之一。语言是怎样形成的?我还清楚记得在马堡的某一天,那时我还很年轻,海德格尔讲道,当人第一次抬头对自己发问,这时某种东西开始占据了人类的理解力:这是什么呢?它成为我们争论的焦点。谁是第一次抬头的那个人?亚当?抑或泰勒斯?这一切在今天看来似乎是很可笑的,但那时的我们还非常年轻。也许这种讨论仍然没有真正切中问题的要害,某种与语言之谜联系在一起的要害。语言——按照一种源自尼采的说法——乃是上帝之创制物。

我们回到希腊语言:希腊语本身就已经提供了一种特殊的思辨和哲学的可能性。这儿我只想说两点:第一是广为人知的希腊语最有成就的特性(顺便说一句,德语也如此),即中性名词的使用,它使思想的意向对象可以作为主体表达出来。

1 开端的含义

在这方面有布鲁诺·斯奈尔(Bruno Snell)和卡尔·莱因哈特(Karl Reinhardt)的研究,我有幸与这些大师建立了亲密联系。他们清楚论证了概念如何通过中性词的使用来表达自身。事实上,通过中性词的使用表明的不是某种在这里或那里的具体东西,而是一般性地针对所有东西。在希腊诗中,正如在德语诗中,中性词表示的是无所不在,表示的是气氛的在场。它不涉及某种存在者(a being)①的某种品质,而是涉及所有存在物在其中得以显现的整个空间,即"存在"(being, das Sein)的品质。

第二个特征也是很明显的。即系动词,系动词"to be"的使用连接了主词和谓词,构成了命题。这也是一个关键点,但我们要记住,系动词在这里还不涉及本体论,不涉及始于柏拉图或者巴门尼德的关于存在的概念分析,并且这种分析在西方形而上学传统中一直没有明确结论。

---

① eines Seienden。除非另有说明,"das Seiende"一般译为"that which is""what is",或者依赖上下文有时也译为"beings",而"being"则用来译"das Sein"。[依汉译习惯,我们在本书中把 das Seiende 译为存在者,把 das Sein 译为存在,但我们不刻意强调它们之间的区分。我们认为,海德格尔的这一著名区分,是否同样适用于伽达默尔或者希腊哲学,这仍是一个有待讨论的问题。——中译注]

这里我又想到了我忘记提到的一个问题，我觉得人们对它的关注不够，但我已经注意它很久了。这个问题就是希腊人对字母的运用。相比其他文字，例如表意文字或象形文字，字母具有令人惊奇的抽象性。固然，字母文字并非希腊人所发明，但他们挪用它，并且通过把元音引入闪米特人的字母，而使它更加完善。这种挪用至少有两百年的时间。倘没有字母文字的普遍引入，例如荷马的创作将是难以想象的。

所有这一切表明，从讨论"principium"的含义开始就牵扯到相当复杂的东西。正如我们所见，在某种程度上可以说，"开端"面临着一系列选择：泰勒斯、史诗文学、希腊语之谜和希腊文之谜。

我认为这里有必要确切指出，事物的开端乃是永远与终点或目的相关的。在开端和终点这两者之间有着不可拆散的联系。开端总是暗含终点。如果我们没有指出我们所谈论的开端与什么相关，那么我们就是在说一些无意义的东西。终点决定开端，这是我们陷入一系列困难的原因所在。开端的具体含义乃以对终点的预期作为前提。

我们现在讨论的是哲学的开端。但什么是哲

学呢?柏拉图在某种程度上人为地、决定性地改变了"哲学"一词所强调的传统含义;在他这里,哲学是对智慧或对真理的追寻。对柏拉图而言,哲学不是占有知识,而仅只是对知识的追寻。这与通常所称的"哲学"或"哲学家"不同。"哲学家"通常用以指全神贯注于理论沉思之人,即如阿那克萨戈拉之类——据说别人问他什么是幸福,他的回答是观察星星。而无论把哲学叫做追寻智慧还是占有智慧,它所处理的对象都远比我们今天理解的哲学要宽泛许多——今天我们把哲学描述为启蒙运动、柏拉图主义与历史主义的混合。如今,没有近现代科学就根本没有哲学。就其最高意义而言,哲学被认为是最高科学;但在其终点上,我们不得不承认,哲学就其自身而言,它其实不是其他学科所说的科学。

因此,开端与终点互相联系,无法分割。事物从哪里开始,趋向哪里,这要取决于它的目标。

在开端与终点的这种联系之中,我们可以探索一个由历史生活分析提出的大问题,即目的论概念,或换用当今的表达方式,就是"发展"(development)。众所周知,这是近代历史主义津津乐道的问题。但是,发展的观念完全与历史无关。严格地说,发展是否认历史的。事实上,发展就意味着,在开端那里,一切均已被给出——包含在它的开端里。往后,发展仅只是把包含在开端里的东西展现出来,正如植物或动物的生长成熟过程。这就是"发展"一词所隐含的言外之意。因此,从某种程度上说,"历史的发展"一词所标示的乃是矛盾的含义。一旦历史开始上演,它的内容不是事先预设好的,而是一切都是新鲜的。如果没有任何新鲜事情,没有任何革新,以及没有什么不能被预见,那么也就没有任何历史可以被叙述。命运往往是指不可预见性。因此,发展这个概念表明了自然的过程特征与人类生活的波动及偶然之间的基本差别。这里所涉及的这组对立——自然与精神之间的对立——乃是原初性的。

现在应该如何依据"开端取决于目标"来理解我的论题?或许形而上学的终结就是这个目标?此乃 19 世纪的答案。威廉·狄尔泰,这位施莱尔马赫及其学派的信徒,在其所著《人文科学导论》(*Introduction to the Human Science*)中,以大手笔的篇章,从形而上学崩溃的角度描绘了它的开端。在他看来,19 世纪是形而上学丧失对实证科学权威的时代。故从这个意义上可以谈论形而上学的终结,从而也可以谈论亚里士多德在《形而上学》第一卷中所指的开端——亚里士多德认为泰勒斯

1 开端的含义

是第一位依靠实证经验和证据,而不是依靠神话叙述来解释自然的人。

与上面相关的另一种关于终结的看法,是把科学理性或科学的文化形式作为目标。在这两种情形下,我们所处理的几乎是同一件事,尽管是从不同角度。第一种情形,形而上学在经历了两千年的成熟发展过程后,终于在 19 世纪告下一个段落;第二种情形,科学理性——随即形而上学——被认为是人性的一般决定因素。在这种情形下,我们可以引那句口号,"从密索斯(Mythos)到逻各斯(Logos)",它试图以一种全面而简洁的表述来把握整个前苏格拉底哲学的历史阶段。另外还有一种更广为人知的观念,即马克斯·韦伯提出的"die Entzauberung"①,又或海德格尔的"存在的遗忘"的观念。但正如人们现在逐渐意识到的,形而上学的终结也许不完全就是西方思想的开端所朝向的目标。

此外,第三种关于终结的更激进的看法是:人的终结。我们不仅从福柯,而且也从其他许多学者那里知道这种观点。对我而言,这似乎不是一个能从中获得关于开端的令人满意的视角。因为

---

① 字面意思是:世界的"祛魅"(de-magification)。

在这种情况下,终结的决定因素与开端一样仍然是模糊晦暗的。

然而,"开端"这一术语还有别的含义,并且我认为它似乎是最有成效和最适合的。这种含义不体现于我说某物开始了(incipient),而是体现于我说某物处于早期(incipience)①。处于早期(Anfänlichsein)是指某物在这种意义或那种意义上仍未被决定,在方向上或终点上仍未被决定,在表现方式上也未被恰当地确定。这意味着无数种可能,当然这是在理论上而言。也许,对"开端"的理解没有别的,无非是:了解某物的开端即意味着了解它的青少年时期——我指的是,在人生此阶段,具体的、明确的成长步骤尚未固定下来。年轻人以某种不确定的方式开始,但与此同时未来的各种可能也激励着他。(如今,随着生活越来越过度机械化,这种年轻人的基本存在经验受到威胁,以致年轻人最终几乎无法体会那种投入生活的情感,也无法体会通过自己的鲜活经验来决定自己的生活的情感。)这个类比表达的是一种悬而未决的过程,但同时也把自身具体化到了一个特定方向,这个方向将具有持续不断的确定性。

---

① nicht vom Anfangenden, sondern von Anfänglichkeit

我相信,这就是我们必须以前苏格拉底哲学作为开端的含义。在那时,他们的探索并未包含关于最终命定的知识,源头的目标朝向无数的可能性。当我们揭示人类思想最重要的方面乃是以这种开端的方式展开自身时,这真令人感到惊诧。这种揭示方法与黑格尔的直观方法是一致的,在《逻辑学》中,他把存在与无的统一之谜当作开端。在这种背景下,他甚至转向了宗教,以便说明其开端不是一句空洞的语言,不是一个迷失自身于非决定性的视角,而是由其潜在性所决定的——或者事实正如我刚才所说,潜在性往往也是可能性,是对真正实际性有决定作用的可能性,而现实就朝向未定的将来敞开着。

最后,我想说,"开端"不是反思的,而是直接的。我认为"principium"一词含有太重的反思意味,所以它不能表达未曾踏上反思之途的东西,毋宁说,开端是向具体经验敞开的,正如我把它与青年作类比所表达的。

2
进入开端的释义学途径

为了理解我接下来的思考,有必要对黑格尔《逻辑学》的地位进行考察,这部作品乃是19世纪的哲学史写作的参照点。像策勒尔或狄尔泰这些伟大的名字,都是与黑格尔逻辑学传统联系在一起的。谈到黑格尔《逻辑学》范畴的开端,我不同意他关于"存在"(being)与"非存在"(non-being)的说法。因为"无"(nothing)不是"非存在",它的确就是"无"①。关于最初的三个范畴,我的基本判断是:追本溯源,它们根本不是范畴,因为它们没有陈述任何东西。相反,它们类似于简单的方向指示,我们所理解的源自终点的开端从来不是确定的,这一点非常重要。它没有定论,原因是反思运动只在既没有开端,也没有终点的传统之中有自己的位置。

---

① Denn das Nichts ist kein Nichtsein, sondern eben das Nichts.

2　进入开端的释义学途径

诚然,黑格尔认为这不是自我意识的运动问题,而是理念的运动问题。但把理念与对理念的思维形式设想为对立的两极,这是一种看待事物的肤浅方式。事实上,就希腊哲学仅仅知道"理念"(ideas)而对"自我意识"(self-consciousness)一无所知而言,黑格尔的逻辑完全就是希腊的逻辑。努斯(nous)概念就是自反性的最早表达。不过这种自反性还不具备如近代笛卡尔主体性的特征。当然,这仅仅是延迟了问题。在绝对知识的终点之处,理念与理念的运动之间的差异被扬弃①,并且这种运动无疑就是思想的运动,而思想就像被我们看作是理念投射到墙上的东西。

我想再补充阐明,我在第一章所说的"开端"的三种含义是不能相互分离的。它们应该被理解为同一件事的三方面:首先,历史-时间的含义;其次,针对开端与终点的自反性含义;最后,这也许是最接近开端真实含义的一种想法,即不知道开端将进一步朝向何方。我试图让这三方面的区分服务于我打开前苏格拉底哲学大门的前提。总之,根据此前提,开端并非直接给予我们;毋宁说,必须从另外一个点出发再返回它。出于这种考

---

① aufgehoben:同时既取消又保存。

虑,我并不完全排斥开端与终点之间的自反性关系,这种关系涉及对我自己所提出的一个概念的运用,这个概念将运用于哲学史领域及其希腊文化之源头。如我所曾强调的,对前苏格拉底传统的兴趣始自浪漫主义,而黑格尔与施莱尔马赫保持一致,为的是断言时间运动以及精神展开的历史的重要性。我们可以回顾一下黑格尔的著名论断:精神的本质乃在于它在时间和历史中自我展现这一事实之中。

此处的目标不是勾勒 19 世纪欧洲的整个学术发展。在一篇仅在意大利发表过的论文中,我已对 19 世纪的前苏格拉底哲学的解释大师们作了综述①。在此,我仅想回顾两个人,他们在历史解释方面以及对"问题史"(Problemgeschichte)②的方法和原则的论争方面都颇具代表性,并且他们主导了 19 世纪末和 20 世纪初的德国文化。除

---

① 《前苏格拉底哲学》(*I Presocratici*),载《哲学史编纂问题》(*Questioni di storiografia filosofica*, edited by Vittorio Mathieu, Brescia: Editrice La Scuola, 1975),第 3 卷,第 13—114 页。
② 字面义为"问题史"(problem history),该术语指的是,按照人们在问题自身内部所识别的问题,而对历史进行解释的一种技巧。不过,没有好办法把该术语译为英文。

了这些评论,我还将对我所谓"效果历史"(effective history, Wirkungsgeschichte)——一个属于释义学的表述——作评论,它在以语言、理解和解释为基础的整个释义学哲学之中处于中心位置。

首先,我想回顾策勒尔和他关于希腊哲学的巨著。有充足理由证明,他的著作在意大利也是家喻户晓的。最新以意大利文出版的五卷本,的确堪称博学且专业的珍品。鉴于古代哲学研究领域的巨大进步,编辑者鲁道夫·蒙多尔福(Rodolfo Mondolfo)及其后继者又对它的意大利文版作了扩充和改动。凭借他的博学和卓越评判力,蒙多尔福已经复兴了策勒尔的经典作品并使它与日更新。

现在让我们回到策勒尔的著作本身,问题是,什么使这部著作独树一帜。策勒尔最初是神学家,但他的兴趣促使他转向哲学史和历史研究,因而对德国历史主义做出了巨大贡献。他的观念基础是近代黑格尔主义,这使他得以探究哲学思想发展尤其希腊思想的确定含义。他看到了哲学史的含义,但它有别于黑格尔的概念发展的必然性。并且,如果我们承认理念的逻辑发展与它在哲学史中的进步这种绝对平行主义不能毫无保留地予以接受,那么用黑格尔的框架解释哲学传统其实

已经掺杂我们的思维方式。总之,这成了策勒尔的温和黑格尔主义,我现在以一例说明这种温和黑格尔主义是如何操作的:

如你们所知,巴门尼德与赫拉克利特的关系聚讼纷纭。一方告诉我们巴门尼德批评赫拉克利特,一方主张赫拉克利特批评巴门尼德,第三方却说他们之间根本就没有任何历史联系。事实也许是他们彼此毫无所知。他们之间没有任何联系并非不可能——至少在他们各自创立学说的阶段——因为,毕竟一个居住在以弗所,另一个在埃利亚。那么为什么我的这种主张会引起轰动呢?答案显而易见:至今,黑格尔参与了每件事情!即便是历史学家也认为,在知识的发展过程中,所有事物都结合在一起,这是合理的!这种历史思维方式出现于19世纪,我们今天看来仍觉得合理,我认为这就是黑格尔鲜活遗产的一个确实例子,这种遗产在某种程度上也表现在策勒尔那里。我们必须时时留心这种遗产,以便在文本解释时看到策勒尔的局限性。

正如同黑格尔的幽灵隐约显现于策勒尔的身后,同样,施莱尔马赫作为19世纪的前苏格拉底历史编纂的另一个中心,也显现于狄尔泰身后。在意大利这个历史主义根深蒂固的国家,狄尔泰是众所周知的。在此,我只想简短回顾在我看来构成狄尔泰思想基本点的"结构"概念,当然是就其广泛意义而言,并非当代结构主义所指的特定含义。狄尔泰把这个概念引入哲学研究,这是一个了不起的成就。它第一次以人文科学(Wissenschaften vom Menschen)的立场来抵制自然科学方法论的侵犯。在一个知识论立场占据支配地位的时代,狄尔泰勇敢地站出来,反对把归纳逻辑和因果原理当作解释事实的唯一模式。

在这种语境中,"结构"指的是因果研究之外的另一种理解事物的方式。结构意味着部分之间的勾连,任何部分都没有绝对的优越性。这与康德的第三批判中的目的论判断是一致的,第三批判理所当然表明,在一个有生命的机体中,任何部分都不占首要位置,任何部分都不具备独有的、使其他部分处于从属地位的支配权。相反,所有部分统一服从于整个机体。尽管"结构"一词源于建筑学和自然科学,狄尔泰对它的理解却具有很强的象征性。结构并不意味着先有原因再有结果;毋宁说,它所涉及的乃是结果之间的相互作用。

于是,狄尔泰提出了另一个对我而言非常重要的概念,即"效果模型"(matrix of effects,

Wirkungszusammenhang),这个概念不看重原因与结果的区分,而看重每一结果之间的彼此联结。不仅机体如此,艺术品亦然。狄尔泰喜用乐曲结构为例。乐曲不仅仅是音调的延续。乐曲有终点,乐曲在终点之处实现自身。如你们所知,老练的听众,尤其难懂的音乐的听众,他们有别于其他人的特征是,他们知道乐曲结束的时刻,他们知道此时可以鼓掌,因为在演奏终止时,作品实现了自身。像机体组织一样,艺术品形成了一个结构完美的效果模型,因此,只要我们逗留于审美王国,显然不会提出对艺术品的因果关系的解释;毋宁说,艺术品的解释以诸如和谐、互动之类的概念为基础,因此也必定以结构为基础。以这种看待事物的方式,狄尔泰试图证明人文科学(Geisteswissenschaften)的源初性和自主性。在人文科学中的确有一种结构性联系,的确有一种截然有别于自然科学程序的理解模式(自然科学在那时是以机械术语得以理解的)。

现在的问题是,在什么程度上,这种结构联系的探索方式同样适用于前苏格拉底哲学领域。此处哪里有原始作品?在前苏格拉底哲学领域中,哪里有完整的文本,足以在其内部联系中展示自身?除了后世作者留下的残篇和引语,我们别无

2 进入开端的释义学途径

所知,况且这些残篇和引语还往往以暗示和歪曲的方式出现,总之:要把适合于审美经验的"结构原理"(principle of structure),运用于在如此薄弱的传统上,似乎很勉强。

我们还可在这个困难之上,补充一个更普遍的特性,这一特性对我很重要:我们绝不可能纯粹作为艺术品的观众或听众,因为我们总是在一定程度上被卷入了我们的传统之内。理解一部作品的对象、内部结构以及背景,并不能有效清除我们在自己的传统之中所产生的偏见。

要具体阐明这一问题,最具有说服力的例子,莫过于狄尔泰的《人文科学导论》(*Introduction to the Human Sciences*)。在该书第二部分,狄尔泰论述了作为科学的形而上学的起源、发展以及衰落的过程。他以令人奇怪的方式,描绘了希腊人所历经的冒险——在他眼里这是一种徒劳的冒险——因为他们试图以科学的方式把宗教图景、思辨图景、诗歌图景以及神话图景进行概念化。对狄尔泰而言,科学形而上学乃是自身矛盾的东西。因为它渴望科学地表达生活的深度但又不接近科学。这种情况典型体现于狄尔泰对德谟克利特的解释。在他看来,德谟克利特是那个时代的最后一位重要思想家,但从未得到应有的重视,因为人类的整个历史被以柏拉图和亚里士多德思想为基础的形而上学所支配。这种视野诚然在希腊化阶段丧失了其重要意义,但形而上学的古典传统在整个历史阶段一直延续,并且在中世纪又重新取得支配地位。只有到近代,只有自然科学的发展被唤醒,德谟克利特及其原子主义才找到了新的支持者(今天仍有像波普尔[Popper]之类的著作者,只是简单拈取了亚里士多德的陈旧教条,以及被误解的柏拉图理念论,便就匆忙给他们贴上国家社会主义的标签)。

我想要证明的论点很清楚:纵使像狄尔泰这样严谨的思想家,当他提出一种完全独创的思想史模式时,最终仍是依附于一种完全疏远于历史的近代视角。

因此我相信,即使历史主义已然认识到每一结构的个体性,也不能避免它的时代偏见,这种偏见不断对这种德谟克利特式视角的信徒们施予影响。无疑,今天我们不能轻而易举设想公元前3世纪的人已经考虑到了伽利略的可能性。尽管有欧几里德和阿基米德的巨大成就,那时的数学仍欠发展,其他的历史证据也可排除这种看待事物的方式。

但还有另一条途径可以通达研究目标,我们

称之为"问题史"(Problemgeschichte)①。在 19 世纪末,有一种新原则得到了认可:在哲学里没有系统的真理,没有普遍有效的体系。每个体系只是其中一面,并非真理本身,只是对真理局部或多或少的看法。然而,不同体系后面却潜藏着相同问题,并且只有在此意义上,我们才可以谈论哲学史或者前苏格拉底哲学。例如赫尔曼·科恩(Hermann Cohen)把巴门尼德解释为同一性的发现者,把赫拉克利特解释为差异性的发现者,等等。在这里我们也能看出黑格尔的基础,此基础很少被哲学史家们充分意识到。黑格尔的逻辑学就像一个大宝库,后世哲学史家都能从中开采各自所需的建筑材料。

但究竟什么是"问题"(problem)?该术语源于竞赛者相互反对,并试图在对手的路途中设置障碍。由此,该术语被形象地挪用到论辩领域:在交谈中,提出一种论点以反对其他论点,正如给其他对话者设置障碍。在此意义上说,问题就是阻碍知识进步的东西。亚里士多德曾在《论题篇》(*Topics*)中清楚明确地阐述了这一"问题"概念。

这为我们指出科学与哲学的差别提供了契

---

① 见本书第 18 页,注释②。

机。对科学而言，问题意味着对迄今为止的所有解释不满，它要求我们不断探索新的经验和理论。因此，正如波普尔所说，科学中的一个偶然问题往往会成为进步之路上的第一步。但问题的起源则是另一回事，波普尔似乎把它看作心理学问题而置之不理。准确检验并澄清一种理论结果，这不是科学知识的唯一关键任务。相反，通常认为，发现新问题，这才是真正检验研究者的试金石。研究者最可宝贵的遗产是创造力，因为要紧的是针对问题找到一条有效途径。这才是科学创造力的关键因素，而不是像教条的波普尔主义者所主张的证实或证伪。当然，波普尔说科学有义务解决自身所提出的问题，这无疑是正确的。不过提出正确问题的义务也同等重要。并且我们不得不承认，有些问题远远超出了科学的可能性领域。

从这里我们可以看出哲学是如何不同。即便哲学家发现解决问题的方法行不通，问题也并不因此而无关紧要。因而，若一个问题被认为没有任何虚假成分，便说思想者不必质疑该问题，这是不对的。这就是为什么亚里士多德的问题理论出现于《论题篇》，即出现于辩证法的理论背景之中。当然，它不能从黑格尔的意义上来加以理解，而应理解为思想运动的一种对立意义,这种思想运动并不号称彻底解决问题,因此它仍然是修辞学的近邻。

从问题概念的这个角度出发,问题的死板和棘手便消除了。无论谁只要他在历史生活的变动中寻求不变的问题,他就难免碰到那些左一次右一次反复出现的问题。且以自由问题为例。那么我们在此指的是何种自由呢?是在历史-政治的意义上拥有独立性和至高无上性的 eleutheria 吗?在这种情况下,自由无非意味着不是奴隶,这种自由显然不同于斯多葛派所倡导的道德学说,因为在斯多葛派看来,最高的自由状态是不欲求我们能力之外的东西。可见这也是自由,并且斯多葛派哲学还认为,智慧者即便身陷枷锁也是自由的。又抑或,自由是基督教学说所理解的那样,就是路德在《论意志的奴役》(*De servo arbitrio*)中所讨论的自由选择? 除此之外,在决定论与非决定论的论争中也包含自由理论。这种论争在 19 世纪表现出来并持续至 20 世纪。在这种情况下,自由概念之界定,不能相对于支配臣民行动和生命的统治者,而应依据自然及其因果必然性。正是自然及其因果必然性提出了自由是否根本存在的问题。我还记得那时哥本哈根学派的物理学家们创立了量子理论。许多知名科学家把它看作解决自由问题的途径。这在我们看来是荒唐的，因为我们不该忘记康德关于因果性与道德的区分：因果性作为一种范畴，其适用对象是自然科学所处理的事实（Tatsachen）；道德则不是事实（Faktum），不是此等意义上供物理学所检查的系列事实（Tatbestände），而是理性的"事实"（Tatsache）。自由是"理性的事实"（ein Faktum der Vernunft）。康德本人所使用的这一表述可能会引起混淆。事实真理（truth of facts, Tatsachenwahrheit）与理性真理（truth of reason, Vernunftwahrheit），两个对立概念放在一起，以便采用莱布尼茨的口吻说话。但康德断言，人要成为道德人和社会人，自由乃是必要条件，这究竟是什么意思？显然，这种自由概念根本不同于现象非决定论的主张，而正是出于这种理由，后者不可能作为人性自由的基础。

另外一个人们会犯的典型的错误例子是，当人们不惜一切代价试图在历史的多样性概念中发现同一问题时，他们往往从价值伦理学领域中抽身出来。我们知道，在 19 世纪，价值概念从政治经济学引入到哲学理论。这个曾被洛采（Lotze）使用的概念，被马克斯·舍勒（Max Scheler）应用到自己的哲学之中，最后在我的尊师，同时也是我慈父般的挚友尼古拉·哈特曼（Nicolai Hartmann）之处得到更加广泛的应用。哈特曼把亚里士多德的德性解释为价值，然而这种解释显然不够充分。"价值"有一种对象化的含义。价值有其自身的有效性，它独立于任何评价，因此它是知识。但在亚里士多德之处则相反，德性来源于教育（Erziehung）。亚里士多德的德性可以使某个人区别于他所生活的人群，不是仅仅通过正确认识价值自身的有效性，而是通过由教育（Bildung）、习惯和性格所养成的生存方式和行为方式。此乃全然漠视历史差别的例子，也正因如此，任何事情就都被简化为同一个问题。顺便说，我们别忘了，舍勒本人也曾反对哈特曼把价值等同于亚里士多德的德性。

相应于狄尔泰及问题史，我现在怎样定义我自己的方法和解释呢？我在这里提到"效果历史"（effective history）和"效果历史意识"（historically effective consciousness）。这首先意味着，对文本或传统的研究并不完全依赖于我们自己的决断力。这样一种自由，这样一种与探查对象保持距离的旁观，其实是不存在的。我们身处传统的生命之流中，不可能像自然科学那样为了操作实验和构建理论而与传统保持一定距离。确实,在近代科学中,例如量子力学,操作主体与纯粹客体化的观察者扮演不同角色。但这与身处传统之流截然不同,身处传统之流者,亦即处于某种具体条件之中,他对别人的认识和看法,必须以自身的条件性作为基础。这种辩证法不仅适用于文化传统和哲学,而且也适用于道德问题。事实上,一个从外部"客观地"研究伦理习俗的专家,与另一个深深打上这些习俗烙印的人,两者截然不同,后者乃是一个处于社会、时代、偏见结构和世界经验之中的人。在我们面对特殊观点和解释学说时,以上所说这一切都具有效果和决定性的作用。

效果这个概念是模棱两可的,在某方面它是历史的属性,但在某种程度上它也是意识的属性。我们没有意识到,意识是被历史确定性所制约的。我们不是历史的远距离眺望者;毋宁说,我们是历史的创造物,我们身处于我们所试图理解的历史里面。这里面包含这类意识的特殊性——这乃是无法通约的特殊性。正是出于这种理由,有观点认为,自然科学与人文科学之间的区分,再也不像19世纪那么重要了。我认为这种观点有很大的误导性。有人还认为,这种区分过时了,因为就其对象而言,自然科学再也不谈论没有历史、没有发展的自然了;既然人类在宇宙的漫长历史中有自己的位置,那么道德和精神领域的科学也就同样属于自然科学。这是彻底错误的,是对人类历史的不恰当解释。人类既不能以旁观者的眼光来加以打量,但也不能把他们归结为进化论的产物,因而从进化的角度来理解他们。人类在历史中遭遇自身的这种经验,这种对话的形式,这种通达交互理解的道路——所有这一切都不同于自然研究,也不同于以进化论为基础的人种观和世界观。它所涉及的论题本身固然动人,但我认为,回忆以及精神(Geist)生活,这是另一回事。柏拉图的"回忆"(anamnesis)的确与语言之谜十分相似。它们都没有 principium,没有开端,它们的词语并不是源于 principium,并没有一种"垂直语言"(ortho-language)。语言的言说乃是一个整体,一个结构,我们在其中有自己的位置,一个不由我们所选择的位置。同样,回忆作为表达方式的代表,它始自胚胎。当然,对此我无法确定,因为我对自己的胚胎状态没有任何记忆。但这并不重要。重要的是,经验究竟是再回忆(recollecting)、再感知(re-perceiving),还是再建构(re-establishing,Wieder-aufnahmen)。

总之可以看出,人类的释义学处境在此得到

了自我确证;而与事物保持距离,仅仅把它们当成观察的对象,这种自负排除了我们理解其他人(以及其他文化)的关键。事实上,我们不可避免要遭遇其他人,这些人同样也对我们说话。甚至可以说,解释西方思想开端的这一鲁莽行为,本身就是两个对话者之间的一场交谈。

随即,"方法"(method)一词的含义也必然发生改变。在这里没有任何研究者处于观察主体的特殊地位。在笛卡尔创建的意义上,"方法"一词表示有且仅有唯一的通向真理的道路。在《谈谈方法》(*Discours de la method*)以及其他作品中,笛卡尔强调,对于所有可能的知识对象,只有一种普遍方法,尽管我们认识到,方法的程序步骤是可变通的,但关于方法的这一概念仍占主导地位,并支配整个近代认识论。与此相反,在本世纪哲学著作的框架中,我自己的位置的显著特征是,我反复参与了自然科学与人文科学的著名辩论。倘若我们忽略论争双方立场的基本差异,那么一方约翰·穆勒(John Stuart Mill)的逻辑学,另一方威廉·狄尔泰(Wilhelm Dilthey),他们双方都以共同的前提为基础,即方法的客观性。在此前提下,任何事情都被归结为相对客观化的方法。但这极具误导性。在古代的意义中,"方法"(Methodos)

往往是指用以解决某领域的疑难和问题的一整套事务。这种意义上的方法,不是一种对事物进行客体化以及支配事物的工具;毋宁说,它与我们正在处理的东西之间有一种联系。这种作为"伴随"(going along with, Mitgehen)的"方法"含义,意味着我们总是在游戏中发现自身,意味着无论我们如何费尽心思坚持客观性,消除偏见,我们都绝不可能保持中立态度。

诚然,这种主张听起来像是对自然科学及其客观性理想的挑战。然而人文科学承担着与其他科学很不一样的任务。关于事情的存在和非存在问题,以及如何确证该问题无疑也包含于其中。在人文科学当中,这是最基本的、自明的关注点。但人文科学所特有的是,人类在面对另一个不同于自己的人之时,还要遭遇自己。这更像是"投身"(taking part)某事(eine Teilnahme),与其说人文科学是通过处理主客体的关系而与自然科学有别,不如说它更像一个信仰者面对宗教启示而投身于其中。总之,这种虚设的中立态度等于认知主体的去除,而事实上,人文科学前进的方向不是科学严格性所坚持的最终目标——尽力去除任何所谓主观看法。这一目标并不适于文化领域和社会生活领域。这不是人文科学的任务。在这里,我不能够在方法的帮助之下,把自己置于一种与被我设定为客体的他人的明确关系之中。让-保罗·萨特已恰如其分地描述了客体化凝视所导致的灾难性后果:一旦他人被通约为观察的客体,注视的相互性就再也不能维系,交流即告终止。

关于自然科学与人文科学一致性的讨论,若不从它们各自的不同功能出发,必将误入歧途。自然科学可以表现为客体化的方式,人文科学却不得不参与其中。我当然不是说客体化和方法论对人文学科和历史学科毫无价值,我只是说它们不构成这些领域的学术内涵。否则我们就不能解释我们对于过往的兴趣。其实,自然科学自身向我们表明,它关心的是知识成就的推进,以及随着这些推进而达到控制自然乃至社会之目的。但文化乃作为一种交往形式而存在,作为一种游戏而存在——其参加者的一方不是主体,另一方也不是客体。当然我们理应知道,文化科学也有它自身的方法,但相对于我们投身并嵌入其中的文化传统和文化生活所具有的价值而言,这些方法对文化科学只不过是一些自明的假定罢了。

但现在我不得不结束这个话题而转向我们的专门主题。当我主张进入"前苏格拉底哲学"论题的唯一途径乃是柏拉图和亚里士多德,则"方法"概念在确保客观性意义上的不充分性就变得十分明白了。我们无疑可以利用柏拉图和亚里士多德的文本,研究他们本人提出什么问题,在何种意义上提出问题。但这并不容易操作,尤其对柏拉图。而我们的研究计划要具体实施,只有通过阅读柏拉图和亚里士多德对先贤们的论述。当我们这样做的时候,我们不能忘记,柏拉图和亚里士多德不是出于历史研究,而是受他们自己的兴趣所引导,通过他们各自的研究获得真理,这两位作者的研究虽有一致性,但也有不同倾向。因此,有必要对柏拉图和亚里士多德哲学作一总体解释。例如,如果我们想理解亚里士多德关于前苏格拉底哲学的论述,那么我们必须抓住以下事实:在亚里士多德对柏拉图的批评之中,柏拉图被视作毕达哥拉斯主义者。

3
稳固的根基:柏拉图和亚里士多德

我们现在必须转向主要内容。我们的实际主题是"前苏格拉底哲学以及西方思想的开端"。与该主题相关,我们需要应用此前表述过的原则。首要的疑问是,我们用以支撑论点的是哪些文本。我对此的回答是,我们首先讨论的文本是柏拉图和亚里士多德的作品。确实,还有第尔斯的引文集,这是第尔斯·赫尔曼(Diels Hermann)所辑录的前苏格拉底哲学残篇。这是可靠而实用的作品,每个人都心怀感激利用它而开始自己的研究。它供哲学学生使用。但对学术研究来说,相较于保存完整的原始文献所提供的可能理解而言,它只能算作二手文献。众所周知,使用引文的技巧适合于任何情形——甚至往往会体现出与原始文献相反的含义;因为引文一旦脱离它所处的语境,而我们又没意识到这个事实,那么即便最忠实、最准确的引文也会有别于它的本来含义。引文使用者已经通过他使用引文的形式,开始了他的解释。关于前苏格拉底哲学残篇的全部文集,都不是完整、确定的文本,不过是一些引文而已,并且还是经由柏拉图、亚里士多德、漫步学派、斯多葛主义、怀疑主义、基督教父之手的引文,不知多少作者出于不同意图,引用和阐述这些学说。因此我们的首要任务是,研究前苏格拉底思想在其中以连贯形式得以解释的那些文本。只有从柏拉图和亚里士多德的完整文本的语境出发,我们方可理解第尔斯收集在附录中的残篇。

整体涉及前苏格拉底思想的唯一文本是辛普里丘(Simplicius)关于亚里士多德《物理学》第一卷的评注。这是关于前苏格拉底思想的最古老的传世文献。人们尊称他为公元后 6 世纪的"博学者",因为他在评注亚里士多德《物理学》的过程中置入了庞大的引文。因此我们首先必须反躬自问,这位评注者的取舍标准是什么。我们很难承认公元前 5、6 世纪的前苏格拉底哲学已经涉及始自亚里士多德的自明概念 physis(自然)。"论自然"(On Nature)这一标题首次出现在柏拉图的《斐多》中。我们可由此断定,"physis"及该标题在那时已司空见惯。该词本身的使用虽然有很长时期,但通常仅指某一事物的本性,而非作为概念。作为"自然"概念,它实际始于柏拉图时代。当然,对该概念的明确表述长期酝酿于语言中,但始终不是它的真正现实表述。我完全同意英国学者基尔克(Kirk)和拉文(Raven)的看法:physis的概念在赫拉克利特那里还没有任何哲学的含义。相反,只有当此概念的反命题形成以后,我们才能提出一个真正现实的概念,也就标志着我们进入了智者时代。那时对语言问题的讨论集中于,语言究竟是自然的产物还是约定(nomos)的产物?同样,technê的概念也是很晚才出现,这也与智者派相一致,还与柏拉图对physis及相关的psychê的使用相一致。

但physis这一概念在亚里士多德之处尤其重要。当亚里士多德频繁、广泛地评论该概念时,他往往有意疏远柏拉图。因为在亚里士多德眼里,柏拉图更像一个数学家。

总之,无论是赫拉克利特还是恩培多克勒,他们所使用的都不是亚里士多德意义上的physis的概念。对于亚里士多德,physis乃是存在之最先显现,并且他把这一概念持续地推进到了他的《形而上学》之中。其实,形而上学只不过是一个松散的概念,并没有太多的统一性,它清晰地表明了与亚里士多德对 physis 的基本兴趣之间的联系,至少可以肯定,《形而上学》不是作为亚里士多德论述 physis 的著作《物理学》的坚实背景。

如果我们想着手对前苏格拉底哲学语录作出评价,那必须一直把亚里士多德概念的优势牢记于心。但另一方面,撇开亚里士多德的《物理学》,当我们讨论传世的前苏格拉底哲学语录时,还有另外一个关键点必须纳入考察视野,通常认为这个点是希腊化时代——如果不是字面上的,那至少是在学派的意义上:对我们而言,黑格尔的解释比其他任何人都深入人心,以至于我们很难想象彻底从这种模式中摆脱出来。因此我认为,"巴门尼德与赫拉克利特"的全部问题乃源自黑格尔思维模式的自负影响。尽管 19 世纪的全部历史研究把历史编纂(historiography)引入希腊哲学研究乃是发生于黑格尔的唯心主义衰落之际,但我们别忘了,黑格尔的历史构造即使对历史学家——如策勒尔——仍然有很强的影响力。

这种历史构造认为,哲学开始于泰勒斯和米利都学派,然而它是多么地虚弱啊。像在米利都这样繁荣的贸易中心,"学派"(School)究竟意味着什么?对这个问题,我们几乎无法回答。还有,"泰勒斯-阿那克希曼德-阿那克西美尼"这种学术次序又意味着什么？其实这种次序很成问题。先是阿那克西曼德以无定作为出发点,后是阿那克西美尼又宣布气作为第一基质——多么荒谬的倒退呀！实际上,所有这些论断都不是从历史事实出发,而是基于一种属于后期学术阶段的思维模式,正是在这个阶段,阿波罗多洛(Apollodoros)重构了年代材料。

事实上,在对这些问题的探询中,我们还要记住另一视野,即宗教背景在亚里士多德之后从希腊哲学中分离出去。这一过程所对应的就是那句我们都耳熟的短语:"从密索斯(Mythos)到逻各斯(Logos)。"

这是一种当代的表述方式。而我们通过mythos可以获得哪些理解呢？在19世纪的历史编纂学中,答案似乎是显而易见的:mythos所涉及的是荷马式的宗教。但果真存在这种意义上的荷马式的宗教吗？按希罗多德的看法,mythos更像是一位伟大诗人的作品,这位大诗人对各种传奇传统和吟游诗人所保存的口说传统进行再创作,彼此回溯非常遥远的年代。在希罗多德之后,当我们说那一时代的"神学"(theology)时,我们所另指的其他诗人是赫西俄德及其作品《神谱》(*Theogony*)。如今可以肯定,荷马和赫西俄德也是亚里士多德所提到的最早对神进行反思的作

3 稳固的根基:柏拉图和亚里士多德

者。但亚里士多德所指的并不是宗教,而是指关于宇宙秩序和神族的思想,且伴随太人性的(all-too-human)张力的思想。若依据这种观点,习惯性的说法"从密索斯到逻各斯"似乎值得怀疑。也许我们应该说,无论在哪种情况下,人们对 logos 的讨论都比对 mythos 的讨论多。一方面,我们有由神所组成的高贵社会,他们就像贵人老爷;另一方面,我们发现,用于膜拜个体神的圣殿遍布全国各地。"神学"一词用于哪种情况都不大合适。瓦纳尔·耶格尔(Werner Jaeger)以其令人敬佩的博学在《早期希腊思想家的神学》(*The Theology of the Early Greek Thinkers*)一书中研究了这个论题。但标题中的"神学"容易使人误解。该书无疑极富启发意义,只是涉及克塞诺芬尼(Xenophanes)的部分,"神学"这一标题所表达出来的观点不那么令人信服。在我看来,耶格尔早些在《教化》(*Paideia*)第一卷中所写的克塞诺芬尼似乎更恰当些,彼时他一直坚持这个饱含智慧的理念——"教化"。我认为,耶格尔在他的早期讨论中正确地看出,克塞诺芬尼诗歌中的典型描绘不是出自一个神学家或哲学家之手,而是出自吟游诗人之手。

导引性的评论足够了！让我们真正开始解释柏拉图和亚里士多德对前苏格拉底哲学的重要见证。

我们重新从柏拉图开始，或者准确地说，从《斐多》(96ff)开始。柏拉图在此处——即苏格拉底的悲哀结局很久之后——对苏格拉底的科学和哲学的自传形象进行了描绘。不过在我们解释该文本之前，有必要再强调一下，我不可能解释整个文本，而只是讨论其中的一个例证。我所涉及的文本只是一部完整作品的一个章节。实质上，这部完整的对话——整部《斐多》——以柏拉图可能试图回答的一个问题为基础，尽管这种回答不容易。此乃柏拉图最知名的对话之一。尼采把柏拉图所塑造的临终的苏格拉底形象，看作引导希腊年轻人的新理想。因此苏格拉底取代了阿基琉斯的位置。此说无疑包含正确的成分。我们确实可以在对话的开始之处发现荷马式的主题：死亡的巨大秘密，以及超越死亡——冥府(Hades)之中亡者灵魂的"生活"的巨大秘密。在回忆那些难忘场景的过程中，荷马(抑或《奥德赛》的作者)描绘了奥德修斯的冥府之旅。奥德修斯进入冥府的目的是拜访特洛伊英雄。这里最值得思考的乃是与阿基琉斯的相遇，如同

3 稳固的根基:柏拉图和亚里士多德

所有涉过冥河的灵魂一样,阿基琉斯丧失了记忆,但因喝了祭血而又重新恢复记忆:这是相当重要的仪式。当阿基琉斯从奥德修斯口中得知他的儿子已经征服了特洛伊,阿基琉斯重新深切地陷入了黑暗。死亡是记忆的黑夜;记忆随死亡一起消失。我们可以说这些意象给我们指出了某种类似大众宗教的东西。但显而易见的是,这里引入了一种反思的主题。英雄的阴影仍然存在于冥府,但他们已经丧失记忆,只有祭血方可唤醒记忆。因此,这里所提出的是灵魂的问题以及灵魂与生死之间的关系问题。

关于这点,还有另一个可能被误解的根源会影响我们的思维方式。我指的是奥古斯丁的作为意识内在性的灵魂概念。复杂的基督教灵魂学说及其通过耶稣之死而获得的救赎,已经整合进了我们的灵魂(Seele)概念之中。也许德语词"Seele"比拉丁词"anima"更适于表达情感,并且从语音学的观点看,它使人联想起某种转瞬即逝的东西。因此,我们身处传统的影响之中,该传统促使我们相信,在荷马诗歌里,可能有一种关于灵魂的观念与我们自己的观念相同。但这还是真的吗?

或许所谓的"荷马宗教"并非解释者产生偏见

的唯一根源。除此,还有所谓的俄尔甫斯根源,这是一个长期影响学术研究的观念,并且仍将代表一个完全悬而未决的问题研究领域。在这一宗教运动中究竟发生了什么?——这一运动蔓延于公元前6、7世纪,但在荷马时代还未出现,至少未被荷马史诗认可。繁多的宗教运动和神话传统集中于那时,遗留下了许多诸如狄俄尼索斯膜拜之类的悬而未决的问题;正如我们从尼采的著作中所充分了解到的,狄俄尼索斯形象在荷马史诗中其实鲜为人知。总之,我们在这儿讨论的乃是非常含混的事情,并且我们对前苏格拉底哲学研究的兴趣仅限于这个事实,即灵魂处于虔诚的宗教膜拜的核心地位。我认为这可见于毕达哥拉斯形象。我们只要阅读一下苏格拉底以前的传记文献,同一事实就会反复显露:从阿那克西曼德到巴门尼德的任何人,皆被描述为毕达哥拉斯的追随者。这一事实的意义十分重要。依我看,这意味着毕达哥拉斯集中体现了数之谜和灵魂之谜,以及灵魂转世和灵魂净化的中心主题。这就把我们引至记忆的问题。很明显,宗教的灵魂转世通常是以记忆的丧失为先决条件。像恩培多克勒这种"通灵者",能够感知到另一个世界的另外一些事情,这算是一个例外。

3 稳固的根基:柏拉图和亚里士多德

我们在这里撞上了许多与灵魂相关的问题。灵魂是赋予动物和人以生命的呼气吗?或者它是人类的第一束光亮,是初期的知识之光、记忆之光,抑或其他类似的东西?所有这些遗留下了一个模糊的、不能作为理解线索的背景。它深深隐没于古代的晦暗之中。因此,要明白这些问题如何吸引柏拉图时代的思想家,我们必须检审《斐多》如何处理灵魂问题。这是一个我已经提出的问题:如何通过一篇文本来解释我们感兴趣的传统,尽管该文本并非出于这一目的而创作,但我们仍可以用它来推测这个过往时代的文化的基本倾向。

最后,我们提出如下问题:灵魂是一种不同于生物体之内的生命活力的东西吗?它是一种独特的精神能力吗?它是生命还是思想?抑或这两个方面彼此交织?以何种方式交织?此乃柏拉图的主题,在柏拉图的帮助下,我们试图探索前苏格拉底哲学如何讨论死亡。这里,我想最后补充一点关于《斐多》的一般评论,或者说关于这篇对话场景的评论。我们知道,苏格拉底的两个对话伙伴均属毕达哥拉斯学派,他们的社会同盟由于政变导致解体,被迫迁居雅典生活。辛弥亚(Simmias)和格贝(Cebes)均是历史上的真实人物。严格说,他们并不能代表原本的毕达哥拉斯学派,而是代表这个由宗教和政治组织演变为学者和科学家所组成的团体。当阅读这篇苏格拉底与他的两个朋友间的对话时,我们必须牢牢记住这一点。从作为半宗教性质团体的伟大创建者这一意义而言,辛弥亚和格贝都不能算作毕达哥拉斯学派的传人。这篇对话乃是一场与两名科学家进行的讨论,他们之所以利用毕达哥拉斯学派的理论学说,不过是为了描述他们所处时代的新科学所导致的结果。这一事实在我看来非常重要。谁是真正的毕达哥拉斯主义者?这是一个聚讼纷纭的问题。我至今尤记得,在我年轻时,埃里克·弗兰克(Erich Frank)在他的著作《柏拉图与所谓毕达哥拉斯主义者》(*Plato and So-called Pythagoreans*)①中所提出的激进问题。他认为,我们的习惯性看法,如把毕达哥拉斯主义者看作数学家和天文学家,这其实是柏拉图学派尤其是赫拉克莱蒂·彭提克斯(Heracleides Ponticus)所提出的新解释。该观点的激进性并未得到公认。如今,我们甚至断定有一种毕达哥拉斯学派的数学,尽管这是与它的宗教背景相反

---

① Halle: Niemeyer, 1923; reprint Tübingen 1962.

3 稳固的根基:柏拉图和亚里士多德

的。不过我们至少得意识到,在柏拉图时代,具有支配地位的不是宗教,而是科学。苏格拉底在《斐多》中的两个对话伙伴是科学家,他们似乎并不熟悉菲洛劳斯(Philolaos)这位伟大教主的宗教律令;相反,他们精于柏拉图时代的生物学和天文学。柏拉图如何把古老的宗教传统与属于自己时代的科学之间的讨论,引入戏剧情节,并把它们整合到谈话者的叙述之中? 当然,柏拉图在《斐多》中所提及的科学构想,与苏格拉底离世时大家所认可的有效观念,从根本上说是不相符的。这篇对话并非作于苏格拉底刚离世,而是作于苏格拉底离世很久,大概 20 年之后,如今对此已经没有异议了。柏拉图明显利用了临终的苏格拉底形象,以强调他的理念论要点,并创建学派(school),更准确地说是建立"学园"(Academy),而我们更乐意称它为真正的学派——相对于那些没有机构组织的如所谓智者学派、原子论派,或者埃里亚派而言。

我认为这些评论对理解《斐多》与我们的主题的联系是很重要的。对灵魂问题的讨论在苏格拉底漫长的自传叙述中获得了完满结论——当然这出自柏拉图之手——在该叙述中,苏格拉底描述了他与同时代的科学家们的经历以及他自己的新方向。但是,在此叙述中,亦如在其他对话中,柏拉图所说的不是"前苏格拉底的"(Presocratic)学说,而是他本人朝着"理念"(Idea)的转向。

4
生命与灵魂:《斐多》

《斐多》的主题依据苏格拉底生前最后一天而展开,它是生与死的问题,也是关于人的生命是什么,以及它与我们所谓灵魂(psychê)之间的关系是什么的问题。这部对话包含对灵魂问题的讨论和对宗教所教导的不朽信念的讨论。我们的理性对此能找到合理根据吗?

《斐多》以一种近乎宗教的语调开头。它要讨论自杀以及对死后的新生活的期待问题。此乃对话序幕,序幕引出灵魂不朽作为真正的核心主题。沟通这两部分的桥梁是净化(catharsis)观念;对我们的解释而言,这是至关重要的。哲学之维便从此处展开。

众所周知,毕达哥拉斯的净化学说首先是一些净化法则的综合,如禁止用小刀拨火、禁食豆子。这里的关键在于,柏拉图给这些净化仪式注入了一种新含义,恰好,经由康德及其"纯粹理性"

(pure reason)概念,我们对这种新含义更加熟悉了。按照《美诺》(*Meno*)对纯粹数学概念的论述,数学属于纯粹理性,在此意义上它超越一切经由感官而获知的东西。这适用于数学,但也适用于灵魂。事实上,正如道德、宗教的生命态度要求灵魂与身体的分离,数学科学也要求灵魂与感官经验的分离。如果死亡被看作是灵魂与身体/感官的分离,那么在此意义上,哲学家的生活便是通往死亡之途,因此灵魂不朽的宗教学说便得到了确证。

灵魂不朽的第一个论证涉及自然的循环结构。既然生命是一种自然现象,则死亡也无非就是生成(genesis)与消逝(phthora)之间的循环的一个阶段(《斐多》70e ff.)。以自然的循环特征为基础的证明过程,在此被精妙的语言淋漓尽致地加以刻画。当柏拉图谈论这个没有任何持续新生的自然时,他使他笔下的苏格拉底描绘了一幅没有春天的自然场面。因此,只要苏格拉底断言(71e)重生(anabiôskesthai)的真实性,则作为循环的自然设想就成为灵魂转世的一个明显论据。随即就可证出,如果生命诞生于死亡,那死者的灵魂就必定不会消逝,而是继续存在。

令人称奇的是,接下来我们读到:kai tais men

ge agathais ameinon einai, tais de kakais kakion (72e)，意为："对于好的灵魂，这种新的存在必定更好；而对于恶的灵魂，这种新的存在必定更糟。"该主张似乎与前面的循环论证不甚相合，以致遭到一些语文学家的忽视。我认为这样做是不对的。这段话在原文中的位置并非模棱两可，此处不存在任何所谓异文。这里的争论贯穿了一个传统，这个传统或许比那些语文学家更富智慧，它把这种表面上的不合逻辑理解为柏拉图有意为之。柏拉图想由此表明隐藏于不朽信念之后的真实兴趣。死者接下来的命运将取决于他所过的伦理生活——此乃整部对话的最终要义所在。接着，为回应辛弥亚的怀疑和犹豫，苏格拉底说，尽管在这个世界确实没有保证，但过一种正当的生活毫无疑问是更好的。很清楚，当苏格拉底说持有这种态度的生活比没有它更好时，他实际上并不是说"证明"了灵魂的不朽。在此我们应该注意到，该论证已由逻辑学领域转移到了修辞学领域。

我注意到类似的转移也发生在康德身上。在康德那里，同样也没有自由存在的真正证据。如果我们试图通过拷问自然，或者甚至在量子物理学中找自由的证据，那其实是对自由的本体论地位(Seins-Rang)一无所知。自由不是自然科学的事实,康德称之为理性的事实——当然,柏拉图的论证过程不同于康德。柏拉图的目的既不是指出科学局限性这一事实,也不是强调正当的生活。毋宁说,柏拉图的论证也包含了某种超越性的东西,并且直接针对的就是在死亡与永生之谜视域中的人类理性的有限性。在此意义上可以说,黑格尔的"恶无限"(bad infinity)也正是柏拉图的观点:就道德和生命的重大问题而言,辩证法仍然是悬而未决的,并没有任何可宣称成为证据之结果。

当然,康德与柏拉图之间的这种对比本质上并非关于自由概念,因为在柏拉图哲学中没有如此这般的概念。我更愿这样说:如同康德避免以理论证明的方式来建立自由——正像费希特对于实践理性的态度——柏拉图也没有谋求理论论证来证明灵魂不朽。相反,他回到了苏格拉底及其大无畏赴死的形象,在对话结尾处给予了精致的描述。

但我们可以确定一件事:所有这些足以表明,对于以自然主义为基础的灵魂概念,不论是支持不朽还是反对不朽,其论证都是不充分的。我想提醒诸位,我在此使用"自然主义"(naturalistically),而不是带有很强亚里士多德色彩的"唯物主义"(materialistically),这不是偶然。我们也许可以把后一个词用在对《智者》(*Sophist*)的解释上,但我们也即将看到,即使这个词用在那里也不完全适合。事实上,"唯物主义"这一术语意味着以作为型式(morphê)的理念为前提——如同工匠在制作时使材料或原料塑形的模型。我更倾向"自然主义"一词,它与希腊语中的自然(physis)概念相符,这一概念贯穿了整部对话。我们已表明,苏格拉底的思想自传以陈述他专注于"自然"问题开头。此乃希腊语意义上的"历史",也就是,在由一个旅人所作的个人观察报告,例如他交流旅途中的所见所闻的意义上的历史。在此意义上,"自然史"(peri physeôs historia)这一标题必须理解为事件的证人依其经历所作的汇报,必须被理解为目睹者所叙述的故事。此外还有一点可以肯定,在《斐多》的时代,"自然史"已经成为关于自然、宇宙、天体等方面的文章所经常采用的标题。

灵魂不朽的第二个论证是回忆(anamnesis),辛弥亚说它是苏格拉底的一个众所周知的学说。苏格拉底主张知识必定是回忆,因为,例如像"相等"(ison)之类的数学概念就不可能从经验中获得,经验中不存在两个绝对相等者。(这个观点令我联想到莱布尼兹,他曾让学生到莱比锡的玫瑰谷中寻找两片完全相同的树叶。)相等这一数学概念意味着绝对相等,这不是我们在感官经验中所能遇到的。在苏格拉底看来,灵魂同样如此,灵魂就像相等,不可能在感性经验中被观察到。

但我的兴趣不是对《斐多》作完整解释。因此我现在直接转向柏拉图哲学的两个前苏格拉底先贤,看看他们在柏拉图的文本中是被如何理解的。为达成这个目的,我们现在考察关于灵魂不朽的两种反对意见,这是两个"开明的"(enlightened)毕达哥拉斯主义者——辛弥亚和格贝——所提出的反驳,他们的反驳成就了这篇对话的高潮。

辛弥亚提出的第一种反驳意见即便对近代思想也是容易理解的:灵魂无非就是身体的和谐。一旦身体的力量衰退,其四肢的和谐调配能力也随之衰退,直至死亡发生,从而灵魂也就最终一起消散。显然,这是一种源自当时的科学的观点;更准确地说:从和谐概念出发,这是毕达哥拉斯派的典型观点。此外,它与亚里士多德定义灵魂概念的方式也非常接近:灵魂是"身体的隐德莱希(entelechy)",也就是说灵魂是生命有机体的完全实现。

紧接着格贝也提出了自己的反驳意见,他认

为从灵魂的迁移并不能得出灵魂不朽的结论;随着灵魂在不同身体之中的迁移,灵魂对自身的消耗磨损也越来越多,并将随着最后一个身体而消散。毫无疑问,这种反驳意见所反映的是当时生物学的新发现。我们知道,柏拉图时代的科学——尤其医学——已经把生命有机体的重生设想为连续不断的过程。我们因此可以理解这种反驳意见:尽管灵魂能够超越个体存在的限制,然而它的迁移将会耗尽自身,并且终将消散殆尽。这是由灵魂的自然主义观念所描述的必然想法,尤其是由灵魂无非是身体的和谐因而随身体消散的观念所描述的必然想法。

这两种反驳给灵魂不朽带来了灾难性后果。它们显得相当有说服力,以致斐多(Phaedo)和伊奇(Echecrates),这两位对话的叙述者中断了叙述,表达他们的迷惑。弥漫在这两位叙述者之间的沮丧情感,是任何诗歌都无法形容的。在这一高度紧张的时刻,对话发生了关键转折。针对辛弥亚的反驳,苏格拉底回答说,问题根本不能以辛弥亚所使用的术语来提。灵魂其实与和谐不同。毋宁说,和谐是灵魂自身唯一力图获得或发现的某种东西。至少,和谐的灵魂不是自然给定的东西,而是指定生活方向的善。很明显,我们在这里必须作一个严格的区分：一方面是自然主义的和谐理论，或者称之为数学的和谐理论，该理论认为，和谐起源于它的各种元素；另一方面是，和谐作为最高目标，灵魂向往这个目标。

格贝所提出的第二种反驳需要更复杂的回答。苏格拉底保持了片刻的静默和沉思，然后开始回答：为清晰起见，首先必须讨论生成与消逝（genesis 与 phthora）的原因。只有以这种方式才可能正确理解死亡的含义。为了达到这种清晰性，苏格拉底开始讲述他本人与同时代的科学打交道的经历，直至最终他决定走一条不同之路，即投入逻各斯（logoi）之路、朝向理念之路。

我想暂时中断我们的文本分析，以便再次突出我早先提出的一些普遍概念。首先，我想增补一点释义学的评论。在我工作的过程中，我无疑已经成为了黑格尔所批评的恶无限的拥护者。但有一个很简单的事实，我在这里用它为自己辩护，即某种类似普遍史的东西——德语把它表达为"世界史"（Weltgeschichte）——必定要被每一代人重新书写。我很清楚，随着历史本身的变化，观察和认识过去的方式也必须发生变化。不过，这一事实不能轻而易举地就运用到哲学传统上，因为这种传统本身尚未随黑格尔的伟大合题而告终,仍然有其他思想方式可为我们敞开新视野。例如其中之一就是尼采,他的书中所体现出的概念明晰性当然不如黑格尔。但尼采已经影响了我们对待过去的整体态度,并且使我们的哲学作品烙上了他本人的印记。

这促使我对自己引进的一个概念要多说几句——即"效果历史意识"(effective-historical consciousness)的概念。这一术语意味着我充分意识到我们的理解的基本偏见。当然,我们不可能真正知道我们的全部偏见,因为我们不可能具有关于我们自身的无限知识,不可能对我们自身完全透明。但另一方面,这种情况——偏见作为理解的基本要素——绝不意味着进入某一文本的路径是思想家和学者随意决定的。这些偏见无非就是我们扎身某一传统的深根,正是在此传统中,我们对我们所考察的文本进行阐释。这其中包含释义学情境的复杂性。它往往依赖于我们所讨论的文本类型。古典文化乃是释义学的原料,它以多种多样的形式透露给我们,不仅在科学中,而且尤其在神学、法学、哲学、文学传统中;但它所留给我们的难解之谜,远远超过了我们所能了解和所能领悟的。

所有这些有助于我们理解诸如柏拉图作品与亚里士多德学述(doxography)之间的差异。柏拉图作品不是工作笔记而是文学著作,因此柏拉图作品里的学述不同于亚里士多德在诸如《形而上学》《物理学》《灵魂论》中为我们展示的内容。柏拉图作品,以其独特方式,乃是用于发表的,用于在雅典城里进行阅读,甚或高声朗诵的。而亚里士多德的文字虽得以保存,但却几个世纪都鲜为人知,因为它们乃是出于教学笔记之目的而被构思的,因此它只是以口头传统的形式对后世产生影响,却没有任何有意用于发表的东西得以流传,至少,我们所拥有的一切都不能看作亚里士多德关于这个主题的定论。

相反,我们看《斐多》。它显然不属于论文,而是伟大的文学著作。它包括生活的写实描述,而且熔理论论证与戏剧情节于一炉。因此,《斐多》关于灵魂不朽的激烈论证根本不是真正的论证,毋宁说是一个事实——是苏格拉底自始至终保持信念,并以自己的生和死来证实该信念的一个事实。在这里,情节本身的过程就扮演了论证的角色。对话结尾讲述了一个神话,描述了一个我们所生活于其中的大地,以及这个大地如何能够成为正当生活的场面。对以善的原则为基础的世界构造的疑问,我们不可能给出满意的论证来作答。但神话却以其独有的力量具备此功能。柏拉图本人用以警醒我们而采取的神话方式,不仅包含单纯的叙述,而且把概念和反思也嵌入其中。它们就像是辩证论证的扩展——在概念和逻辑证明无法理解的方向上进行的扩展。

甚至苏格拉底的无知本身也是一种文学形象。它是帮助苏格拉底引导对话伙伴与他自己的无知进行对照的一种方式。《吕西斯》(*Lysis*)的结尾正是这种意义上的典型。美尼克塞诺斯(Menexenos)和吕西斯都没有成功定义什么是友爱,对话却因老师要带小伙子们回家而戛然而止。在所有反诘论证的对话中,我们都可以同样看到这种否定性的结束模式。它们所涉及的总是同一问题,即,为了实践德性,必须以理论方式指引人们朝向德性。从这一角度,我们的确可以谈论希腊人的理性主义,不过我们得进一步补充说明,我们在这里所讨论的问题根本没有与之相称的概念。在柏拉图这位足以同索福克勒斯或莎士比亚相媲美的作家那里,如果概念不充分,他就采用对话情节来表达他的意图——就《吕西斯》而言,就是苏格拉底与两个年轻朋友间的对话关系。

另外,我们再看《理想国》(*Politeia*):在这篇文本中我们可发现，苏格拉底——在他主导了一场对话和一场论证的意义上——又是一位很不同的人。在这里，柏拉图试图描绘一个理想城邦，这是一个用辩证法和数学来塑造精英等级的城邦，同时这个精英等级也能够治理实际生活。在拙著《柏拉图和亚里士多德哲学中的善的理念》(*The Idea of the Good in Platonic and Aristotelian Philosophy*)中，我认为这两位哲学家都关心同样的事情，即，善及其在理想城邦中得以具体化的问题。但我们必须意识到，柏拉图《理想国》有一种亚里士多德那儿压根没有的乌托邦气质（êthos）。正是渗透在柏拉图《理想国》中的这种气质规定着其中的每样事情。在理想国中几乎不可能做任何犯罪或有违常规之事，这是现代人不可设想的理想。只有当我们所称的"计划委员会"（planning committee）出现失误时，乌托邦才会偏离正常轨道而招致没落。

柏拉图对话的另一个特点是，苏格拉底的对话者多以一种很平淡的方式表达自己，他们说"是""否""或许""当然"，缺乏更详细的角色特征。这不是偶然，而是作者有意为之。我们不应该把这些对话的参与者看作一个确定类型，好像我们正在处理一幕戏剧。在柏拉图对话中，对话者更像是一个影子,每位读者都在这个影子之中认识自己。

这些评论不仅澄清了柏拉图对话与亚里士多德教学文本之间的区别,而且也澄清了柏拉图不同文本之间的差别。我们必须以这样的方式,持续拷问这些文本,而它们每次均会告诉我们不同的答案;因为鲜活的对话、人们之间的交流以及书写传统的参与,都是以一种似乎自发的方式而构成;传统不是某种僵硬的东西,不是一经固定就再也不变的东西。这里没有法律。即使是教会,也得面对一个鲜活的传统,也得与这个传统持续不断地对话。

5
自然与精神之间的灵魂

让我们回到主导我们的文本:柏拉图的《斐多》。这部对话最重要的部分(96a)始于一长段静默之后对格贝的回答,其实对话现在转移到了关于知识的普遍原理的疑问上。大家承认,尽管所有的知识(holôs)都存在着生成与消逝,我们也必须总是寻求它的原因。

于是,苏格拉底开始讲述他如何抛洒对知识的满腔热情(即他的 pathê,他的痛苦经历)。他曾以极高的热情学习他那个时代的科学。显然他的讲述涉及当时对自然和医学的理解。因此,苏格拉底试图依据那些我们称之为自然主义的科学来把握"灵魂"——"灵魂"如何产生,大脑是否是感知的场所,记忆和回忆以及意见的形成(Gedächtnis und Erinnerung und dann Meinungsbildung)如何起源,知识怎样产生于记忆、回忆和意见的形成。如果我们现在思考,记忆是使事情持续出现并使之保留在记忆之中的某种能力,意见形成也是试图稳固而又永久保持有效性的某种东西,那么我们在这里将发现柏拉图的问题的第一条线索——稳固的东西究竟如何能出现于变动的感官经验之流。思想的意向性如何产生于自然的机体结构,这仍然是一个困扰我们的问题。在这里,柏拉图依据流与静的对立,提出了这个困惑,其实他也指出了《泰阿泰德》(*Theatetus*)的中心主题。

苏格拉底最终承认,他的一切努力没有获得关于知识的任何成果——其实他最终根本没有获得任何新理解,即使是对于他之前自以为知道的事情,诸如人如何成长之类的事情,他试图以数量-数学的论证方式对此作出解释,但这其中含有逻辑困难。苏格拉底说,他以前认为,人的成长原因是物质元素通过食物而加到生命机体上。但潜藏在这后面的问题是,"双"(das Zweierlei)——即同时与"一"相关的"二"——是如何形成的,究竟是加上一个单位,还是分割一个单位。我们就面临"二"既能以加的方式而形成,又能以减的方式而形成的矛盾。这的确是个悖论。这怎么可能?

对我们来说,答案似乎很明显:当我们说加或减时,我们不是讨论一个实际步骤。相反,必须把该问题置于一种迥异的本体论视域,绝不牵扯事物生成和消逝的原因问题。跟随苏格拉底往后的步伐,我们才真正开始超越原先的、明显不适当的关于"生成"与"消逝"的原因问题。苏格拉底告诉我们,在探索这种原因的过程中,他如何碰到阿那克萨戈拉的文章,并且深信在努斯(nous)之中,他能够找到解决原因问题的途径,弄清楚"二"如何从"一"产生。但苏格拉底的希望最终破灭了。对话的这部分很有名,我在这里回顾它,原因是我能在其中找出关于我的解释视角的佐证。苏格拉底的希望、他对阿那克萨戈拉的批评,以及努斯的功能,这一切表明,这里对所意指的事情缺乏相应的概念化表达。当阿那克萨戈拉谈论"努斯"时,苏格拉底显然想把该词归结为类似"思维"(thinking)、"安排秩序"(ordering)、"规划"(planning)这一类的含义,在标准文本中(我们应该感谢辛普里丘[Simplicius]的热心),阿那克萨戈拉实际上把努斯表达为宇宙秩序的第一创建者——可以说是在宇宙生成论的意义上——只是在对这一生成过程的描绘中,阿那克萨戈拉只提到了努斯的物理效果。

若再次重新开始解释文本,我们发现,苏格拉底反对阿那克萨戈拉的观点,苏格拉底说(99c):

5 自然与精神之间的灵魂

万物的真正起源及其内在本质的决定因素都是善。与此相关,他批评了关于地球在宇宙中的位置的种种理论:有人认为地球保持在空中,被天的运动环绕着,如同被一个巨大容器环绕着;有人想象地球被垫子般的气托着;有人甚至认为它是被大力神(Atlas)支撑着。在苏格拉底眼里,所有这些看法就像那个著名的印度寓言,地球被一只站在海龟背上的大象支撑着,但令人费解的是,为什么海龟就不必再依赖其他东西。要想避免这种无穷倒退,我们必须在非物理的东西中,譬如在善中来寻求原因问题的答案。

其实这标志着论证轨道发生了根本转移。它再也不涉及调查意义上的历史(historia),再也不涉及对支撑地球的东西的探索。如果继续采取这种方式,问题不可能得到任何答案。在《纯粹理性批判》中,确切说是在先验辩证论中,康德驳斥了理性宇宙论的可能性。即使在康德那里,世界的创造、开端、归宿问题,作为纯粹理性的一种探索,仍然是没有答案的疑问。但柏拉图笔下的苏格拉底说,本原是善,世界的整体秩序,包括人类及其实践世界,宇宙及其太阳、月亮、星星、地球等组成部分,都源自善。正是在善的理念中,"整全"(the whole)第一次以彻底有别于元素总合的意义得以表述,而所谓元素总合,正如我们所知,这是历史研究的对象。苏格拉底在这里表达了一项只有在亚里士多德《物理学》中才得以展开的任务,即,建立在善的理念基础之上的关于实在的解释。以这种方式,希腊自然哲学的目的论结构最终得到普遍认可,并在一定程度上保持着它的现实性。因为它表明,在整体(totality)这一概念中,自然、人类、社会均被视作同一体系的各种成分。从这一角度看,近代科学与古代历史是一样的,它们堆积了无数经验,从这些经验中不可能获得整全,因为整全不是一个可经验的概念——它不能被给出。那么关于原因问题,究竟怎样才能找到一种具有说服力的确定方法呢?对此,柏拉图首先以确立原则的方式,开始正面回答:我们必须真正地以一个假设为前提,把这一假设视作格外确信的、可靠的,然后从这一假设出发,真实地坚持结论与这一假设相互协调。不过此处的"假设"(hypothesis)与近代科学术语的含义不同。它不意味着前提的有效性必须以经验基础,即以"事实"(facts)为基础加以证实。不,我们在这里所讨论的,仅是概念的逻辑一致性和概念的内在一致性。我们所说的结论,也不是源于经验事实的结论。这很关键。英语世界的某些认识论学者,意识到了这种论证方式的逻辑价值,并采用了它,但令他们深感痛惜的是,这里的文献语境丢失了真正的真理标准,即经验。柏拉图在这里确实没有提到经验。这是为什么呢?因为这里讨论的是逻各斯(logos),是著名的逻各斯(logoi)①转向。在苏格拉底眼里,语言的世界比直接的经验世界拥有更多的实在性。正如那个著名的比喻所说,我们不能直接观察太阳,而只能通过水的反射;同样,我们想获得关于事物本性的知识,通过逻各斯(logoi)将比通过有欺骗性的感官经验清楚许多。

因此柏拉图主张依据结论阐释假设,并且以此为基础而批评他的逻辑对手。如果忽视对概念内容的阐释,那么任何讨论都是无效的。在使用语词和论证时,往往容易混乱。智者派的论证技巧所直接针对的,恰好就是这种混乱。反之,只有某一假设的真正内容在一定程度上得到展开,它才可以通过观察而获得它的逻辑可靠性。

论证正是从此开始,按照该论证,原因被等同于理念。论证始于美的理念、善的理念、大的理念,等等。在这些本质与数学之间,显然有某种对应关系:美本身、善本身、大本身,它们也并非源自经验。

---

① logoi 是 logos 的复数。——中译注

而理念(eidos)似乎以某种方式内在于事物。我以非常谨慎的态度这样说。因为在这里并没有亚里士多德所假定的本体论的分离；相反倒应该说(100d),在美本身的存在之外,也就没有什么东西是美的。在这篇文本,包括其他柏拉图作品中,我们找不出更明确的关于理念的分有学说——亚里士多德所批评的一个要害。柏拉图在选择概念来表达理念与个体之间的关系时,他是完全自由的。这两者并非像亚里士多德所批评的那样相互分离,并且在亚里士多德看来,理念不过是世界的复制品。这点很重要。学园有许多关于普遍与特殊之间密切关系的理论,但根本没有任何关于它们分离的概念。相反,数学与物理学的分离倒是基本的。这成为了柏拉图相对于毕达哥拉斯学派而言的巨大进展。例如,阿尔基塔斯(Archytas)是位见解深刻的数学家,他意识到数学的对象不是画在沙滩上的三角形,毋宁说,这里的三角形只不过是数学真实对象的影像而已。而毕达哥拉斯学派还不能够概念性地表述数学的真实对象、"纯粹"对象。在他们那里,数学往往被转换为"物理学"。

数学与物理学的分离,并不意味着数字和几何图形存在于另一个世界。同样,美、正义、善也不是属于另外一个本质世界的东西。这是受后世

5 自然与精神之间的灵魂

传统的影响,而对柏拉图的意图所进行的错误本体论化。这种错误在亚里士多德对柏拉图的批评中已初见端倪,对他来说,他完全被他对物理学的兴趣所引导。最先把柏拉图变成一位超验思想家亦即 19 世纪的柏拉图的,若以我们今天对这种传统的称呼而言,乃是新柏拉图主义。

苏格拉底的论证不仅证明理念自身同一,而且还与其他理念有着不可分割的联系。例如,热显然与火有联系。理念之间的这种关系是更有趣的。逻各斯只有以这种方式才能存在。逻各斯绝不是一个孤零零的语词的纯粹体现,而是一个语词与其他语词的联结,一个概念与其他概念的联结。逻辑证明根本上只有以这种方式才可能,也正因此,我们才能阐释包含在假设之中的详尽含义。它给"灵魂"这一主题带来了什么样的结论?

通过思考不同理念之间的联结,我们可以看到,作为生命原则的灵魂,必然与一个理念联结,即与生命的理念联结,这是一个与死亡无法调和的理念。我觉得,这里有某些柏拉图解释者所没有充分意识到的东西。苏格拉底的结论对交谈者和读者都很有说服力。确实,灵魂的理念就它与生命联结而言,是无法与死亡相容的。也就是说,灵魂就是生命本身,因此,灵魂显然是"不朽的"(athanatos)。灵魂在这里显然被当作了生命的原则,尽管采取的是一种具体形式。而对苏格拉底而言,灵魂比其他任何东西都更朝向纯粹本质和纯粹理念。至少结论是清楚的。

苏格拉底以一种令现代读者感到惊讶的方式继续(106a ff.)。他断言,如果灵魂是不朽的,它也就是不可毁灭和不会消散的(anôlethros)。"athanatos"一词的含义很清楚。它是希腊史诗传统的一个典型术语,指某种东西被提升到一个更高的存在状态。此乃神的本质属性,乃荷马笔下的"不朽者"(athanatoi)①的属性。但"anôlethros"是什么含义呢?这里的论证很精巧。首先我们需要记住,这个论证与之前关于不朽的描述是并行不悖的。前面的段落似乎把不朽非常合理地等同于不可毁灭,这也是亚里士多德所主张的一种等同(《物理学》203/13)。当然怀疑也就出现了:有可能是亚里士多德本人把不朽与不可毁灭之间的必然联系,引入了前苏格拉底的学述(doxographical)传统。但我们也不要忘了,是柏拉图在《斐多》中揭示了这个关键论证。他有理由这样做吗?

---

① 字面意思为"不死者"(deathless ones)。

5 自然与精神之间的灵魂

从当时毕达哥拉斯派式微的宗教背景出发,柏拉图试图贯彻他们的不朽理念以及灵魂转世的信仰(反对物质主义的威胁),而采取的方式是求助于理念世界,这是一个我们可构想的关系世界,正如我们在数学领域所构想的那样。如果我们跟随柏拉图这部分的整个论证过程(106a - b),我们发现,在"不可毁灭"这一概念的帮助下,"不朽"的概念被提升到了理念层面。正如文本所说,这两个要素——如同奇与偶或者灵魂与死亡——不可彼此包容。一个不能容纳另一个,只要一个存在,另一个就不能存在。诚然,我们仍可以说"一个消逝了,另一个取代了它"。但只有相等与不相等(或者类似的东西,如火与热)仅只作为某物的属性,而不作为"理念"时,这才可能。因为理念的关系乃是类似于相等或不相等的一些概念,就其自身而言是不可变化的,它们只能在无穷尽的奇数或偶数中实现自身——正如纯正的毕达哥拉斯派所认为,不朽灵魂以新的化身而重生。

因此在我看来,《斐多》似乎预料到了某种批判,这种批判针对毕达哥拉斯派的存在与数学之间的等同,这种批判完成于后期理念论,并在《斐勒布》(*Philebus*)中找到了确切证明:"第三种"(third kind)。归根结底,理念世界不是仅为神而存在的另一个世界。

在这后面所隐藏的首先是这一事实:埃利亚派的"存在"(being)或"一"(one)的概念,几乎不可能与"无"(nothing)之通道相一致。人类经验包含无法抑制的愿望,即通过思考不朽来克服死亡的不可思议性,但它同时也使无之通道成为了不可思议的东西。因此这里有趣的倒是 olethros 这个概念,也就是"没落"(downfall, des Untergangs),也就是"无"(nothing)。相比不断威胁人类生命的死亡(thanatos)而言,这是一个从未发生在人类经验和意识之中的概念。

实质上,问题的双重性乃源自灵魂概念的歧义,灵魂既是生命的起源,又是思想的场所。关于灵魂的这两种构想之间的张力成为了问题。数学和辩证法中的"思想"(thinking),有别于近代科学中的方法论程序意义上的"思想";毋宁说,如果有存在,思想就在场①。我想说的是,柏拉图和亚里士多德相信,没有生命便没有思想,没有灵魂(psychê)便没有努斯(nous),因为思想无非就是这种在场,并且就其本身而言,思想就是生命。这两个方面——生命和思想——似乎不能分割,在

---

① 英译为:thinking is present when being is. ——中译注

5 自然与精神之间的灵魂

近代哲学中也有类似情况,生命哲学同时也就是意识哲学、自我意识哲学。我们知道,黑格尔的现象学其实就是把生命存在的循环转变在意识的反思之中呈现出来。从生命到自我意识的转变,此乃全部德国唯心论之根本。

此外,这个问题不仅在《斐多》中出现,并且也在亚里士多德之处出现。我们在柏拉图之处所看到的思想,尽管是以故事和神话的形式呈现,在亚里士多德《灵魂论》(*De anima*)中说得更明确:灵魂的不同部分的区分并不是绝对的,因为灵魂就其生长功能、情感功能、理论功能而言,往往是一个整体。这是灵魂的奥秘所在,它不像身体那样由各种分离的器官组合而成,且每个器官据其功能不同而独具特点。相反,灵魂是高度集中它的任何一个方面而发挥作用的。在这些反思的基础上,我们即可理解这一事实,即哲学摇摆于开端的两种含义之间:作为生命起源的开端与作为思想诞生的开端。这种摇摆的依据乃在人类自身的结构。它绝非捉摸不定的混乱,而是发生在不同形式之间的活的交换,在这交换之中,人类生命把自身叙述为隐德来希①。

---

① "隐德来希"为"entelechy"的音译,意为完成、实现。——中译注

关于这个问题,苏格拉底在《斐多》(106d)里下了结论,他认为,不死就是不可毁灭,灵魂如同偶数,偶数既不会变为奇数,也不会消逝。换言之:灵魂不朽最终得到了认可,而且必须承认它也不可毁灭。因为事实上,神和生命的理念都是不朽的、不会毁灭的。我们在这里所讨论的论证无疑显得有些薄弱。确实,在最后的分析中,对灵魂不朽的认可似乎是建立在大家妥协的基础之上的。尽管辛弥亚似乎发觉了它的薄弱,但所有的疑虑都随这一论断而消失了:无论如何,过一种正当的生活乃是更好的选择。众多解释都对这部分内容浓墨重彩,它们认为,最终只证明了灵魂理念的不朽、生命理念的不朽,没有证明个体灵魂的不可毁灭。这是一个贯穿哲学史的问题。例如,我们可以想想阿维罗依主义(Averroism),还可以想想对艾克哈特大师(Meister Eckhart)以及其他异端邪说的审判。我们应该如何看待这个问题?是认为柏拉图没有意识到这个问题,因而只证明了灵魂理念的不朽而未证明个体灵魂的不朽?在此,我们回到柏拉图哲学的一个基本问题,它是一个尚未主题化的问题,也就是普遍与个体的关系问题。涉及彼此之间的内在性的种种概念,只有在往后的传统框架之中才能得以展开。如果我们问,个体(代表明确的特定性)与普遍(我们据实在论或唯名论加以解释)之间的关系,在柏拉图之处具有何种重要意义,那么其实这种提问纯粹是亚里士多德主义。这是后世哲学广泛讨论的主题,在柏拉图之处根本未曾出现。对柏拉图而言,真正的本质、真正的存在,乃是在语言之中而展现自身,语言通过字词足以通达存在。灵魂不是一个普遍概念,而是生命的无所不在(omnipresence),尤其在活生生的存在(living being)之中。苏格拉底的论证所体现的薄弱,其实恰好证明,理念与个体之间的分离是不可能的。另外,更进一步的证明还可在《巴门尼德》(*Parmenides*)这篇对话中发现:如果相信理念世界仅是神的世界,现象世界仅是凡人的世界,这是很荒谬的。

对于更好地理解《斐多》中柏拉图关于不朽和不会毁灭性的辩证法背后的真实含义,所有这些都是重要的。灵魂在个体中的存在——这是建立在自明的基础上而非论证的基础上——显然与宗教传统有密切联系。苏格拉底最后的结论是:在身体死亡后,灵魂仍将继续存在于另一个地方,即冥府。宗教传统由此完全体现,尽管是以一种非常冷静的方式。这里应注意一点:苏格拉底断言(106d),因为他的不朽,所以我们必须承认"那位神"(ho theos)不会消亡,他的谈话伙伴则回答说,"所有的神"(para theôn)都应该承认。神的复数与冥府里面的图景一样,无疑属于宗教传统,但"那位神"(the god)在这里被等于"神圣者"(the divine),这暗示柏拉图一方面无疑指的是传统宗教,但另一方面也试图用理性概念来加以证明。但我还想补充一点,作为澄清,所谓"那位神"云云,当然不是指一神论,而是指某种不明确的神圣事物。就这一主题整体而言,我们应该到《游叙弗伦》(*Euthyphro*)中,寻找苏格拉底为什么仍然保留城邦传统宗教的圆满解释。

总之,请记住:我的评论倾向于表明,《斐多》所叙述的关于灵魂不朽的论证,往往以理论沉思为背景而展开,而这种理论沉思又乃是源自灵魂功能的歧义性。灵魂如同意识一样,也是生命的原则。

6
从灵魂到逻各斯:《泰阿泰德》和《智者》

我们已经看到,在从作为生命起源的灵魂概念,到通往苏格拉底-柏拉图的知识和数学的新路向上,《斐多》迈出了第一步。在某种意义上,《泰阿泰德》(Theatetus)试图进一步澄清灵魂的活力论概念与精神论概念之间的对立问题。

该对话开始于把知识定义为知觉(aisthesis)(151e)。请留心!泰阿泰德这位数学家在这里说的是知觉。这并不意味着他指的是感官的功能。我们在这里讨论的不是亚里士多德的 aisthesis 概念,而是一种直接性,一种完全对应于自明性的知觉,一种数学所使用的知觉,有别于"纯粹"证明的知觉。确切说,"纯粹"(mere)一词在此乃是在希腊文"psiloi logoi"①的意义上使用。泰阿多罗(Theodoros)说他年轻时热衷于光秃秃的("纯粹

---

① "光秃秃的话"(bare words)或"朴实的话"(plain words)。

的")话语;但后来,他转向了数学,在数学里有自明性。因此很清楚,在这一语境中,"知觉"指的是在"显而易见"(one cannot help but see)的意义上而言的自明性。往后,名副其实的知觉理论又以同样的方式被表述为一种与现实的冲撞或遭遇(encounter)(153e)。这种理论也以相当精巧的形式,其实就是彻底的普罗泰戈拉的(Protagorean)形式,出现在怀特海之处,也作为柏拉图的唯一长篇引文,出现在维特根斯坦之处(见《哲学研究》)。正是在《泰阿泰德》的这部分,苏格拉底阐述了他的理论,按照这一理论,知觉是一种物理现象,类似于运动的遭遇,其中较慢的运动呈现为静止的东西,而较快的运动则相反呈现为流动和变化的东西(156d ff.)。

如我们所知,苏格拉底证明了,在这种知觉的物理现象中不可能有停滞。知觉不仅仅是一种物理运动,像恩培多克勒等人所理解的那样。

我们对源于恩培多克勒的"看"的理论很熟悉,因为泰奥弗拉斯托斯(Theophrastus)使恩培多克勒讨论该主题的部分作品得以流传下来。显然,恩培多克勒首次提出了遭遇理论,然后一直到普罗泰戈拉都在坚持。苏格拉底的论点要点在于,知觉不是眼睛与存在者(what is)之间的遭遇,

6 从灵魂到逻各斯:《泰阿泰德》和《智者》

毋宁说,在看的过程中,眼睛是灵魂独有的器官。诚然,看必须在眼睛的帮助下才能实现,但并非眼睛在看(184d)。在这条思想路线上,柏拉图转向自己的先贤,从赫拉克利特到恩培多克勒和普罗泰戈拉,这也不妨碍他提到荷马和埃庇卡摩斯(Epicharmus)的名字,并且他们全都被说成是万物流变的拥护者,好像都没听说过巴门尼德。从这一角度看,我们所讨论的问题乃是反讽、想象以及源自柏拉图心灵的一种结构。流变概念其实不能与持存(which remains fixed)概念割裂开。它们彼此牵连,正如我们在分析《斐多》时所指出,回忆和观念越来越靠近同一和持久。具体在《泰阿泰德》的文本中,亦即较之普罗泰戈拉的立场而言,我们正在讨论柏拉图的一个创造。马里奥·昂德斯代尔(Mario Untersteiner)把《泰阿泰德》中的这部分内容收录在他关于智者残篇的集子中,这种做法难以令人信服。很显然这不是普罗泰戈拉本人的学说,而仅只是对他的解释,尽管这只是非常简练的解释,却引起了近代哲学的极大关注。实质上,我们在这里又一次看到,只有从心灵出发,才能清楚说明对实际存在所进行的观察和解释。

柏拉图的构造清楚体现在另一段落(180—

181),在这里,两种立场就像两个敌人被置于同一位置:其中一派是,rheontes,可称之为流变党,也就是坚持永恒流变的人;另一派是,stasiôtai,这是一个类似"造反者"(rebels)①的双关语,指那些主张存在者不动的人,但同时也有革命者之义。其实在方言中,stasiôtai一词非常接近"革命者",它所指的确实就是革命,就是对普遍流变的权威观点进行造反,若有人坚持存在的同一,坚持存在的持久,以及持续不变,这的确堪称一场革命。

在证明知识不能等同于感官知觉,而是调动灵魂的协作之后,对知识的本质问题的第二种回答主张知识是意见(doxa)。我不打算在这个复杂的回答上花更多时间,因为它所涉及的范围根本上与前一回答相同,也因为第三种亦即最后一种回答特别有趣。这种回答是:知识是与逻各斯相伴的意见。也就是合乎理性的确定意见。至此,我们达到了整篇对话所坚持的目标,即把知识理解为逻各斯。不过,提出该定义的方式非常令人不满意。因为理性成了某种附加上去的东西,某种仅仅是附加到意见之上的东西,而意见已然既

---

① Aufstaendische,字面意思为"起立的人"(those who stand up)或者"表明立场"(take a stand)。

6 从灵魂到逻各斯:《泰阿泰德》和《智者》

定在那儿,只待证明和证实。但这不是"逻各斯"。逻各斯不仅是一种确定意见的表达,倘把它只理解为表达以及语义学地表述意见(ausformulierte Meinung),这是错误的。

因此,《泰阿泰德》以逻各斯的主题而告终,这部对话没有继续阐明它,它后来成为了《智者》的核心。在此意义上,《泰阿泰德》的结论其实正是《智者》的导论。

好吧,我们现在来看《智者》!按照我们对前苏格拉底哲学的兴趣,我们在这里(242c ff.)发现了某种类似于亚里士多德学述(doxography)的详尽叙述,这对以后的亚里士多德的学述也具有重大意义。实际上,我们可以在亚里士多德这里找出一些关涉《智者》(242c ff.)的文献证据。柏拉图批评性地表述了早期学说所采取的神话方式。苏格拉底的对话伙伴,即从埃利亚来到雅典的陌生人,谈到了存在,并且断言,谈论这事的人十有八九都是在讲故事。其中的一个人认为有三种实在(entities, dreierlei Seiendes):三种本原之间时而彼此斗争,时而彼此交好。我们无法确证这位陌生人在此暗指谁。虽然许多著者试图确证,但在我看来都没有令人满意的答案,这也符合柏拉图大多数作品的普遍特征,即,从这些作品不可能得到确切的历史叙述。陌生人继续说另外的人主张两种存在(essence):湿和干或者热和冷,并且它们互相粘合在一起。至于第三种学说,陌生人说,乃是埃利亚派的:Eleatikon ethnos, apo Xenophanous te kai eti prosthen arxamenon。该学说源于克塞诺芬尼甚至还更早些。这是一种神秘的描述,把它解释为克塞诺芬尼创立埃利亚学派的证据肯定是不对的。构成这种解释的所有因素均不充分:根本就没有什么埃利亚"学派",克塞诺芬尼也不是它的创立者。他和巴门尼德大概也没有什么关系。这种看法与源于亚里士多德的学述传统相抵牾,对此我有清醒意识。然而柏拉图本人在这里用了一种非常具体的表达方式(kai eti prosthen[1]),似乎埃利亚派在克塞诺芬尼之前就已经开始了哲学活动。我认为这在某种程度上是正确的。埃利亚哲学可能是对米利都学派最早尝试以哲学方式解释宇宙的一种回应。克塞诺芬尼的真正重要意义乃是其他方面:他证明了贵族社会的兴趣现在已经不是荷马和赫西俄德,而是转移到了新科学。克塞诺芬尼纯粹是一个游吟诗

---

[1] "以及在他之前的人们"(and those before him)。

人,他引用了荷马及其他诗人所创作的希腊神话。随后,与此同时在西西里岛产生了一个新社会,克塞诺芬尼在他的精致诗行中,把宇宙描述为神圣的,而且表明这些"神"并不是神话所描述的那种实在。总之,在我看来,柏拉图这些话并不是用以确定前苏格拉底哲学年表的历史资料,而是有其他含义,后面我会再论证。

在陌生人的清单末尾,他提到了伊奥尼亚的缪斯们,显然是指赫拉克利特和恩培多克勒,也可以视其为苏格拉底-柏拉图传统描绘先贤的经典例子之一。

现在我们自问一下,陌生人所列举的这份清单究竟有什么含义。显然,他根据先贤们的本原数量对先贤们作了归类。即,第一组有三个本原;第二组有两个本原;埃利亚派只有唯一本原;而按照赫拉克利特和恩培多克勒,本原既是一又是多:恩培多克勒认为本原彼此交替,赫拉克利特认为它们之间形成一个辩证的统一体。因此,我们此处的讨论并非基于时间顺序,而是基于一种与神秘的数字相联系的毕达哥拉斯式的逻辑划分。

这种归类带来一种新视角,一种反思视角。埃利亚陌生人继续说(243a),那些讨论本原数量的人都是自说自话,全然不顾"我们"的感受,不顾我们能否跟得上他们,理解他们。这意味着什么呢?这些谈话必须与我们的思想出发点联系起来。对话断言,当早期思想家们讨论本原数量时,他们只是在说故事。因此,这里涉及两种不同方式:一种是神话叙述,为先贤们所普遍采用;另一种进入问题的途径,目前由苏格拉底的对话伙伴提出。这位埃利亚的对话伙伴表示,必须在思考的道路上迈出新的一步。首先必须理解"存在者"(what is)的含义,"存在者"对早期思想家仅仅是一种假定。这些思想家仅仅"叙述"(tell)存在的东西(die seienden Dinge)如何构成,如何产生,如何彼此联系。他们把所有这一切"描述"(depict)为一个过程,然而理解"存在"的含义才是最基本的。对话接下来便具体探索这个问题。其关键在于,关于"存在"的意义讨论,乃是以类似于《泰阿泰德》所描述的流变(rheontes)与恒常(stasiôtai)这两种不同观点的论争而提出的。

其中一种观点可归结为"唯物主义"(materialists)的传统。在此我们需要澄清一下。"物质"这个概念在柏拉图那里根本没有传统所认为的那种含义。毋宁说,这是一个亚里士多德所引进的概念。因此,如同我们也能从对亚里士多德的文本研究中所看到的,倘我们现在把"物质"(hyle)

这个概念强加给前苏格拉底哲学,这将是极其幼稚的做法。我们找不出任何文献可以证明前苏格拉底哲学有类似于物质概念的东西。即使泰勒斯的水也是某种非物质的东西。最终,我们正在考察的《智者》这部分(246a)说,只有那些能用双手触摸和把握的,例如木石之类的东西才能够说成存在,这显然是暗指赫西俄德所描述的提坦对奥林波斯山的反抗(Aufstand)(《神谱》675—715)。这个比喻意在指涉那些在可感世界中认识存在的人。不过,此观点在这里有着深刻的本体论意义——不是近代思想通过经验建立并衡量"存在"(being)的意义,而是"存在"作为"能力"(dynamis)的意义,也就是产生效果的意义。正是在这个术语的帮助下,该语境中的哲学家力图确定在感知中得以认识的存在的意义。这是对那些试图对存在进行思想洞察的人——如德谟克利特所谓坚固性——所进行的反驳。因此,这关乎一个由理性所提出的能力概念。这篇对话乃是通过迫使"唯物主义者"承认一个无法反驳的关于"生命"的结论——即灵魂和德性以种种方式存在着——进而得出能力概念。因为我们的确看到它们产生效果;因此我们推出能力这一概念。

同样,另外一派,即"理念的朋友们"——也许是毕达哥拉斯派——最终也不能坚持认为理念是不动、不变的。甚至无需更多论证也很显然,存在者不可能像纪念碑一样绝对哑口无言。因此,能力(dynamis)概念对双方均适用,无论以物质的方式还是以心灵的方式把握理解事物。这样,流变与恒常之间的对立最终被证明为一种不恰当的理解。即使声称万物都固定不动的"理念的朋友们",也不得不承认存在者运动的必要性。诚然,数学的研究对象以及欧几里德的几何学不知道任何运动;但作为哲学家的柏拉图,他拒绝信奉数学的这种教条主义立场:存在是不动的、固定的,等等。确实,认为存在是聋的、不动的、没有努斯(nous)的,这令任何人都感到不可思议。这并非由某种证明所推出的结论,而是一种自明的确定性:存在者不能没有生命,不能没有运动,不能没有努斯这类东西。

于是,我们现在碰到了与《泰阿泰德》同样的问题:流变与恒常的关系问题,顺便说,同样的问题在《斐多》中也出现,其表现形式是灵魂的 zôê 与 nous 之间的张力,即生命与精神①之间的张

---

① "精神"是希腊文 nous 的中译,对应德译为 geist,英译为 spirit。——中译注

力。在《智者》中,这一问题扩展为五个基本理念之间的复杂辩证关系:存在者、动、静、同、异。它所涉及的一系列概念需要相当高的智力要求。如何可能把同异(我们知道它们乃反思概念)与动静置于一起呢? 在黑格尔的本质逻辑中,它们的功能是清楚的,但在《智者》的这种排列中,我们就得思考,这组反思概念与动静概念的关系如何。对此讨论非常困难,但最终结论似乎很清晰:随着同异之间并行不悖的辩证统一,动静之间非此即彼的对立关系也发生崩溃,最终这两者再也不互相排斥了。根据《法律篇》第十卷的描述,当运动与恒常这两个源初概念变成恒常的运动和运动的恒常时,它们便得到了展开。在《智者》中,异(heteron)与同(tauton)之间的相互性意味着柏拉图依据它成功证明了动与静的统一。诚然,这些不同的对偶概念之间的关系仍不完全清楚,但作为一位高明的艺术家,柏拉图懂得如何使一个概念与其他概念之间的前后交叉关系变得可理解。在我看来,柏拉图以保留问题的方式,实现了从纯粹反思概念(借用黑格尔的术语说)到传统概念、具体概念之间的转变,也就是从同异之类的概念向动静之类的概念的转变。当柏拉图在《蒂迈欧》中描绘理性秩序时,同样的事情也出现于那里。正如

《法律篇》第十卷所描绘的图景，它使人设想存在者的永久性不受诸如运动这种事实所排斥，存在同样分享了临时性。

《智者》的目标，既不是仅仅提出一种纯粹形式的解决疑难的方法，也不是在两种对立理论之间作一折中，相反，两种理论在论战中都失败了。按柏拉图的意思，其实这里所涉及的乃是意识，乃是同一化之力量（power of identifying）。思想总是一种同一化，但它也是一种自我运动。思想也总是一种行动，是在时间中流变的某种东西，因而同一性整个地渗透着临时性。所有这一切乃是同等地包括在柏拉图式的思想视野之内的，也就见于《巴门尼德》，见于著名的时间结构悖论，即既在时间中又不在时间中的悖论。对近代思想而言，这也是一个非常关键的要点。黑格尔乃是复兴临时性概念"时刻"（moment, Augenblick）所包含的内在矛盾之第一人，而克尔凯郭尔则是把此概念与生命焦虑联结起来之第一人。在柏拉图与黑格尔/克尔凯郭尔之间，我们几乎找不到讨论该问题的文献。我曾徒劳地查寻，尽管该问题时而偶然出现，例如在凯撒时代的一部作品《阿提卡之夜》(*Attic Nights*)中，该书叙述了统治阶级的儿子们的桌谈，表面上就是自我炫耀的无聊闲谈。但在

6 从灵魂到逻各斯:《泰阿泰德》和《智者》

其中,我们发现它影射了《巴门尼德》所提出的时刻问题。考虑到垂死者的死亡时刻,问题就被提了出来。因为,一旦人死了,他就不再是垂死者,但只要他仍处于垂死状态,他就不是死人。我们还在伪狄奥尼修斯(Preudo-Dionysius)之处发现对该问题的影射。当然,所有这一切均无结果。关键在于理解柏拉图的意图。无疑,这关系到灵魂的本体论地位,关系到思想或者意识的本体论地位。从根本上看,这一主题贯穿《斐多》《泰阿泰德》《智者》,并且也见于《巴门尼德》对时刻问题的探究中。此乃灵魂之结构。在灵魂之本质中,运动与恒常之间的矛盾得到了克服。

讨论这两者的相似性将会很有趣:一是运动与静止的综合,一是近代唯心论的自我反思。在希腊哲学从生命本原到精神(Geist)本原的转变与黑格尔在《精神现象学》《逻辑学》中的辩证展开之间,有一种对应关系。循环结构问题、生命的自反性问题同样与此相应。真的非常相似。正如我曾说,当黑格尔在《精神现象学》中描述从永久流变的生命到有机个体再到自我意识的转变时,他也讨论了从生命的理念到个体生命的独特性的转变问题。这一章含有对自我意识的详细描述,它是为分析生命的"自我相关性"(self-relatedness)

作准备的。最终,伴随自我意识、自我相关性以及绝对知识,黑格尔采纳了柏拉图的生命主题——世界灵魂(world-soul)赋予自身以生命并把自身外化为不同的有机个体——并且把它扩大为绝对精神,绝对精神以其全部的明晰性,克服了人类有限性的界限。

当然,我们也必须警惕把柏拉图等同于黑格尔的危险。如果这就是问题的答案,那我们直接只讨论黑格尔就完事了。令我们着迷的问题,恰好就在他们之间的区别之中。自我反思作为存在者的独立结构,其实是在漫长而又艰辛的思想运动之后才实现的。在研究柏拉图时,我们不应忘记,相对黑格尔而言,他处于遥远的过去,整个希腊传统亦然。柏拉图并未把每样事情都建基于自我反思结构;毋宁说,一方面,他描述了同与异这两个概念之间的关系;另一方面,他描述了两个不同的实在领域:静与动。

即使在讨论亚里士多德时我们也必须小心。黑格尔主义者会说亚里士多德存活于黑格尔的《百科全书》(*Encyclopedia*)之中,但这依据的仅是对神的自我反思的字面描述。诚然,《形而上学》L卷,也只有这一卷,描述了亚里士多德形而上学的本体论-神学的顶点。此处,自我运动在自我反思中朝着第一推动者的绝对自主形象而展开。但我记得,这种绝对的自主并不是属于人类的某种东西,而是类似希腊思想中的宇宙,因此我们应该考虑人的存在与神的存在之间的差别。神的存在,最明显的特征是其在场的持续性,即存在之整全。其超越性体现为认知的无限和无碍,体现为没有疾病、没有疲劳、无需睡眠。与此相反,就人的存在而言,所有这一切都是他存在的界限,这一切伴随人类存在的有限性。亚里士多德本人强调,反思总以某一直接行动为前提;它总是一种parergon,即某种随即产生并加到直接性之上的东西。反思首先需要我们服从于某种假定的东西——此即反思之对象——然后我们转身朝向假定的起点。除此之外,还有许多其他东西联结着人的有限性,例如,遗忘的巨大秘密。计算机是贫乏的东西,就因为它不会遗忘,因此它也不会创造。创造依赖于我们的理性和思考力所作的选择。

所有这些表明以下论断并非没有意义:有一种关于"有限和有限存在者的形而上学"(metaphysics of finitude and finite beings),并且在一定意义上,此种"本体论"乃是希腊形而上学的最终表述。

当黑格尔重拾这种学说时,他明显依然停留于由自我意识的自主性所设立的界限之内,这种自我意识属于某种文化,相对于现实而言,这种文化所依赖的乃是以自身为反思对象的主体的独立性。近代科学的"激进主义"(aggressiveness)正是源自这种文化,近代科学总想以各种手段,达到控制客体的目的,因而排除了客体与主体之间的相互参与性,而这恰恰是希腊哲学至高无上的纲领,它确保我们在美、善、正义之中的参与得以可能,也确保我们在人类公共生活的价值之中的参与得以可能。对希腊人而言,知识的本质是对话,而不是以自主的主体性为出发点的对客体的统治,在一定意义上,近代科学的胜利导致了形而上学的终结。这些或许有助于我们理解为什么胡塞尔(以其对时间意识的分析)及其之后的《存在与时间》的作者为当代哲学指明了方向。

7
亚里士多德的学述①方法

在继续我们的研究之前,我想再扼要回顾我们所走过的路程。在我称为"效果历史"(Wirkungsgeschite)的视野框架中,我们研究了保存完好、不可随意重构的文本,即柏拉图和亚里士多德的作品。因为我们坚信,必须从那些大思想家——如柏拉图和亚里士多德——针对开端所提出的问题而进行的回答之中,来理解希腊科学和哲学的开端。这些问题针对柏拉图以来所唤作的"自然",提出科学的、数学的、天文的、物理的理解方式。怀有此目的,我们考察了《斐多》,这样做时,我们必须注意一个事实,即如果忽视柏拉图与其先贤之间的思想及对话的整个运动过程,那么我们便无法理解如此结构精致的文本片断。在这种意义上,我们把灵魂概念作为我们的核心论题,一方面

---

① "学述"见第 2 页注。——中译注

讨论灵魂作为生命的本原,另一方面又讨论灵魂作为思想和精神。由此我们来到《泰阿泰德》和《智者》,考察了其中涉及希腊哲学开端的段落。在这一运思过程中,我强调"开端"或"principium"在此处不是时间意义,而是"逻辑"意义。"principium"乃是其他东西的基础,比如在数的领域,我们知道 2 首先作为数字,[然后]作为 $n+1$。① 随后我们看到,即便对柏拉图本人而言,此开端也仍然是模糊的,这从柏拉图称呼克塞诺芬尼的方式可见出:柏拉图称呼克塞诺芬尼为非常古老的史前信使。

所有这些再次表明,即使柏拉图的文本,以及更一般地说,所有构成传统的文本,均不应视作关于前苏格拉底哲学的具有历史价值的文献和证据。从这一角度考虑,它们相当不可靠,甚至还会误导我们犯错误。"年表"是由希腊化时代的学者们所构造的,第欧根尼·拉尔修的"传纪"是由一些传说和间接传统拼凑而成。这种警示也适用于以"前苏格拉底哲学残篇"为题而辑录的引文。至

---

① "然后"一词是英译者补充的。这句话有些费解,且英译本与法译本似乎不太一致,此处所据为英译本。若据法译本,则当译作:"我们知道 2 既作为第一个数字,又作为 $n+1$。"——中译注

7 亚里士多德的学述方法

少这些引文所反映的,乃是引用它们的后世作者的个人兴趣和观点。

在《泰阿泰德》和《智者》中,在对知识和存在者的分析中;同样是在《智者》中,在灵魂以及灵魂与动静的关系中,我们认识了与在《斐多》中得以主题化的相同问题,即处于生命与精神之间的灵魂问题。

现在,我们必须继续讨论前苏格拉底哲学在亚里士多德哲学框架中的效果,即我们要问,前苏格拉底哲学如何呈现于亚里士多德的哲学中。这是一个非常重要的论题,因为从德奥弗拉斯多斯(Theophrastus)及其同伴开始的学述非常倚重亚里士多德的材料。因此必须指出,以对前苏格拉底哲学的阐释,亚里士多德并不想比柏拉图更多地书写历史,毋宁说,他这样做乃是出于对自己的哲学问题的考虑。我们可以设想,前苏格拉底哲学对亚里士多德学说提出了一系列挑战,《物理学》或者《形而上学》之中那些致力于苏格拉底哲学的段落,属于柏拉图与其先贤之间的鲜活对话。我们只有跟随这些对话,才能充分理解米利都、埃利亚或原子论"学派"所表达的问题体系。

柏拉图和亚里士多德有一个明显的共同倾

向,即都选择了"投进逻各斯"。在此意义上,他们两位都是《斐多》中的苏格拉底的追随者。到了希腊化阶段,尤其在斯多葛主义之处,发生了一场重建起源的运动,不再坚持以逻各斯为基础。不过柏拉图和亚里士多德之间的差异还是明显的:柏拉图是数学路向,而亚里士多德坚持的是物理学,尤其生物学。前一路向几乎排除了偶然性问题,因为在数学领域根本没有任何个别。数在个别之上的运用无非是数学的一种实践运用。不过,数及数之间的关系绝不仅仅是事物的结构或重构工具,它们代表实存秩序,代表天体周期运动的规律。月亮之下的世界,尽管这里的运动更少有规律,但同样有固定秩序,如物种之繁衍、季节之周期、从种子到果实的历程。物理学和生物学则包含有对个体生物的认知,亚里士多德把"个别"称作"todeti",这种"东西"在呈现自身时,只通过显示(showing),而不通过语词(words)。显然,它所关乎的不是数学结构,而是活生生的自然及其存在。

柏拉图与亚里士多德之间的这种复杂关系导致了某些后果。他们都涉及宇宙的实存,但柏拉图大多在华美神话的帮助之下谈论它,如《蒂迈欧》的叙述即如此。众所周知,柏拉图的《蒂迈欧》

在一定程度上开启了希腊哲学和基督教哲学之间的融合,《蒂迈欧》中的巨匠德穆革(demiurge)被类比为《旧约》中的造物主上帝。诚然,正如《蒂迈欧》的叙述告诉我们的,德穆革类似于一个大工匠,他确实创造了事物,但相对于创世神学的"话语"(Word)而言,德穆革并不是从无中生有。这位神圣的工匠乃是根据理念的模型来进行制造,从根本上说它不是造物者。显然,在这里支配巨匠活动的模型更像是毕达哥拉斯派的宇宙论数学。巨匠创造了世界的灵魂,但这种灵魂意味着什么呢?它既非生命的本原,亦非知识,毋宁说,它是周期运动、规律运动以及持续运动的源泉,此乃天体及其本质能以数及数之间的关系得以表达之标志。在此,倘我们用亚里士多德的术语来说,就是:它不是自然(physis)问题,而是技艺(technê)问题。当然这里的技艺不是近代意义的技术,而是理智或精神的[①]创造,因为它优先于近代技术的出现。对希腊人而言,技艺是关于怎样制作东西的认知,而非关于产品本身的认知。

亚里士多德显然对这种依据想象的工匠(technikos)来解释自然的方式感到不满。这种构

---

① Geistig:mental or spiritual(理智的或精神的)。

造乃是自然的对立面,我想请你们注意,"自然"(physis)概念只有到了这时才得以展开,也就是西方传统在它的日常用法中引入诸如"法律"(nomos)和"技艺"(technê)之类的"反概念"之时。不过,这些针对自然的反概念也充满了典型的智者色彩。无论如何,亚里士多德对神话和想象的方式感到不满,这是很清楚的。由于他有时也会做出不太敏锐的判断,故他武断认为,《蒂迈欧》仅只提供了一些空洞的譬喻而没有任何概念的一致性,故而对想用概念解释事物的哲学家当然就毫无价值。对亚里士多德而言,其实对柏拉图亦然,宇宙乃是建立于数学规则的基础之上的,但这恰好是宇宙完全不像被政治、社会、法律所规范的世界的原因。反之,对柏拉图而言,所有这些都成为了神话叙述的对象。依据柏拉图,世界乃由一位至高无上的工匠神所设计,而在细节上却由次一级的神来实现,次级神负责我们世俗生活中那些不规则的、偶然的事情。只有天上完美无瑕。亚里士多德把柏拉图的这种神话转化为自然本质的构成性概念。这类概念有:物质、动因、形式、功能[1]、时间、空间,等等。这些是与技艺相关的概

---

[1] 或者"目的";Zweck。

7 亚里士多德的学述方法

念,凭借它们,工匠的行动得以描述;并且亚里士多德也正是以这类概念,决定自然的特有本质。我们不该对此感到奇怪。希腊文明在那时——修辞学时代和智者的辩证法时代——已经达到了这种水平:能工巧匠被当作人类的模范,人类的所有知识都被当作技艺。因此,与技艺相关的概念最易于表达亚里士多德所赋予重要性的世界秩序。

在我们继续讨论之前,有必要指出,亚里士多德四因说之目的不是建立形而上学。毋宁说,关于四因说的这一章,首先是《物理学》的一章,依次序来说,《物理学》确实不是亚里士多德教学体系中的第一门科目,但它无疑属于亚里士多德的早期作品。《物理学》完成的确切时间,这对今天也仍然是个难题。似乎这份文献(至少某些部分)在它被扩充和保存成为我们今天所知道的样子之前,就已经写下了。

我们现在开始对《物理学》进行考察。与《形而上学》不同,这是一部文字作品:思想不是以完整而系统的方式提出,而是作为一种处于发展中的事物,而且这份文本从开始就受一个意图规定,即强调他本人与柏拉图及学园的差别,即便当亚里士多德以阐释的方式提出先贤们的思想时也如此。它的整体目标在第一卷就已清楚,该卷基本是对柏拉图的批评。我们不应对此感到奇怪。比较这卷的内容,我们之前所说的柏拉图与亚里士多德的差别就清楚了:一方面,柏拉图是数学家、毕达哥拉斯主义者;另一方面,亚里士多德是物理学家、生物学家、医生之子。在这第一卷中,我们看到对本原的归类没有《智者》中所列举的那么复杂。第一卷的第二、三章连续对巴门尼德和埃利亚哲学进行细致批评,它开始于一个阐述性的评论:埃利亚哲学没有物理学即关于运动事物的科学的任何位置,因为他们全然否定运动的存在。对埃利亚学派的这一批评其实是对柏拉图的批评。它想表达尝试探索"存在"(being)或"存在者"(what is)的不同含义,这是非常艰巨的任务,并不只限于《物理学》。令人好奇的是,在这两章中,没有任何篇幅确切提到巴门尼德著名教诲诗的第二部分,这部分最长,现已佚失,专注于自然、宇宙、天体的自我运动。亚里士多德的批评专门集中于巴门尼德教诲诗的第一部分,这部分通过辛普里丘的抄本保存下来。辛普里丘认为(显然他没有错)只有这一部分需要抄录,因为亚里士多德的批评仅只针对这一部分。但这意味着,亚里士多德通过绕道巴门尼德文本的方式,真正攻击的却是柏拉图的观点。换一种表达方式:在《物理学》中,即在一部集中思考自然的著作中,亚里士多德却只探究了巴门尼德诗歌不直面自然的部分。亚里士多德的真实目的是把自己与柏拉图区分开,他认为柏拉图的观点就等同于巴门尼德诗的第一部分。

第四章涉及自然(physikoi)专家,亚里士多德有时直呼他们"自然学家"(physiologists),有时也叫"物理学家"(physicists)。这里没有确定的术语。但至少有一点是清楚的,这些称呼涵盖了所有前辈思想家——除埃利亚学派,某种程度上也要除去毕达哥拉斯派和柏拉图。

文本说,有两派自然专家:一派主张通过puknotês 和 manotês,即通过密集和稀散产生事物;另一派主张利用 ekkrisis,即从混合体中分离事物。puknotês/manotês 与 ekkrisis 显然是两种不同理论,对自然专家们的归类即以此差别为基础。

关于密集/稀散(puknotês/manotês),亚里士多德没有提到任何人名,但很容易猜测他首先指的是阿那克西美尼,阿那克西美尼主张基本元素为空气,这种学说可以通过密集和稀散来设想许多不同形式。(顺便说,我相信泰勒斯的观点中也有类似的东西。）显然，puknotês/manotês 所代表的是亚里士多德归为米利都学派的那一类人。

第二个概念，即分离（ekrrisis）概念，所指无疑是阿那克西曼德、恩培多克勒、阿那克萨戈拉。但这一类有个明显特征：第一位作者似乎是强行与另两位归在一起的。最终，文本的论述只涉及阿那克萨戈拉，这以一种方式清楚表明，混合和分离之所以形成模式，乃是受埃利亚派对自然现象的多样性和可变性的批评所迫。因为，要回应这种批评，除了求助于混合和分离（ekkrisis）概念，别无他法。这是亚里士多德的一个著名理论，在许多段落重复出现，并且我发现，很明显的是，最终微粒理论被用来回应埃利亚派的批评。但既然如此，就不可能再以一种亚里士多德的方式继续，就不可能在这种理论框架中容纳阿那克西曼德。我们可能预测了埃利亚派的批评"效果"，我们可能犯了一种混淆时代的错误，似乎我们遇到了《智者》（242d 4-7）中的克塞诺芬尼。或许，在这里，阿那克西曼德的理论确实覆盖于阿那克萨戈拉的哲学之上。这种覆盖在传统中当然也有基础。例如，这在泰奥弗拉斯托斯（Theophratus）之处也有体现，就像第尔斯所强调，泰奥弗拉斯托斯把阿那

7 亚里士多德的学述方法

克西曼德的理论归结为以燃烧的宇宙蛋为基础的宇宙论,因此这是以释放(liberation)和区分(differentiation)的观念为基础的宇宙论。亚里士多德显然知道这一传统,并且使他把阿那克西曼德归为微粒理论派。顺便说,这种排列明显与近代哲学史撰述是一致的。龚珀茨(Gomperz)的维也纳学派及其追随者,还有早期狄尔泰,他们对此的看法都极为相似。它在根本上可归结为这样一个事实,即人们认为密集乃是无数微粒的压缩。自然,这仅仅应该被视作伽利略力学影响的一个印证。

但倘若我们投身于公元前5世纪的文化,图景将显得不同。例如在阿那克西美尼那里,把生成及其所有不同体现,都归结为同一实体,这在我看来显然是有问题的。因此全部的关键就在于流动性和变化性。从亚里士多德的角度看,这显然意味着运动的起源仍未从根本上提出。气纯粹是运动的,不可能以静止状态存在。亚里士多德本人说,在米利都学派中完全没有土元素,原因就是土没有流动性。因此,在这些早期理论中,质料因根本没有得到考虑,至少不是作为基础而考虑;毋宁说,问题乃在于运动的起源。因此我认为,倘若追随亚里士多德,认为他们各自在物质实体的意义上提出本原,首先以水作本原,然后又以气作本原,那将会彻底误入歧途。不!这里所涉及的乃是其他事情,具体说,它关乎的不是元素,而是事物的变化性。这也正是阿那克西曼德的关键,只不过他的宇宙论让人觉得与阿那克萨戈拉的宇宙论极为相似,我认为原因是亚里士多德把他们混同在了一起。乃至阿那克西曼德最后被完全遗忘,阿那克萨戈拉却随时被提及。这又一次证明了我曾说过的看法:我们往往通过苏格拉底时期某位作为思想家的大人物,去了解早期思想家的哲学。就眼下的情况而言,这位大人物就是阿那克萨戈拉。

关于泰勒斯,我们也注意到同样问题。在《形而上学》中,亚里士多德以微妙的保留态度谈论了泰勒斯的论题,即水为第一元素,这源于对生命离不开潮湿的观测。这不符合公元前 6 世纪宇宙论-天体演化论的思考方式。当时更可能的是亚里士多德所提出的其他主张,如他推断说水作为第一元素,乃是因为圆木总是漂浮于水面,被水所承载。显然,这种观察完全与希腊人的论证相一致,而与神话叙述毫无关系。实际上,水的"基底性"(fundamentality)应该在这个事实中加以证明,即无论人们怎么使圆木浸入水中,它总是一次又一次浮上水面①。我认为这种论证是合理的，也许是唯一符合米利都思想的论证方式。其他那些把水作为生命本原的论证方式均以假定生物学和医学的发展为前提，而这只有到了公元前5世纪才进入人们的意识，在泰勒斯的宇宙论时代近乎不可能。因此我们的结论是，此乃公元前5世纪的人强加于泰勒斯身上的观念，具体说便是阿波洛尼亚的第欧根尼（Diogenes of Apollonia）——正如约翰·伯奈特（John Burnet）和安德雷·拉克斯（Andre Laks）所做的研究②。此乃另一例证，在其中，前苏格拉底哲学的学述深深打上了公元前4世纪的烙印，而此学述家不是别人，正是亚里士多德本人。当然，这不是亚里士多德的有意篡改；毋宁说，对亚里士多德而言，信息的准确性、各个哲学家之间的差别，这些都没有特别大的意义，因为他感兴趣的是问题本身。如果我们作为哲学家，以亚里士多德著作为基础研究前苏格拉底哲学，那我们必须更多考虑亚里士多德的兴趣所在，

---

① 英译者在这里加了注释，说明对原文逻辑作了调整，中译文所据即为调整后的逻辑。——中译注
② 见 Burnet's *The Greek Philosophers*, revised ed. (London, 1982) and *Early Greek Philosophy*, 4th ed. (London, 1930) and Laks' *Diogène d'Apollonie* (Lille, 1983)

而非像近代历史研究的欲望一样,相信有一个残篇传统等着我们去进行历史地辨认和评估。

现在我想再次提醒大家注意,为什么要反复研究柏拉图和亚里士多德的文本。我们不得不从"意图"(intention)与"概念装置"(conceptual apparatus)之间存在断裂的这一事实出发。这是我研究柏拉图和亚里士多德特有方式的出发点。他们俩人都非常熟悉意图与概念工作(conceptual work)之间的差别。这也是为什么在《智者》中前苏格拉底哲学家的理论被嘲笑为神话的原因;他们没有很成功地澄清巴门尼德提出的存在概念。对亚里士多德而言,hyle(木、森林)概念对于存在概念的形成非常关键,因为木料是最普遍的原材料。这再次表明,这一概念更多是属于技艺(technê)世界而非自然世界。所以亚里士多德用了一个更准确的词 hypokeimenon(基质、主体),以表达研究对象,也就是"自然之中的生成"(becoming in nature);只要有变化,就必定有变化的基质(substraum),但在自然之中,它不可能是"物质"。

根本上,我们的讨论试图表明,我们正处于学述的开端。而此开端同时也是对西方早期思想家

7 亚里士多德的学述方法

的真实意图的歪曲。例如,当亚里士多德在《形而上学》中开始谈论第一个概念"原因"时,他说泰勒斯提出了这个概念,并且泰勒斯是第一个不仅叙述神话而且利用证据之人,那我们由此必须理解,"原因"对他而言意味着物质。这种解释方式深深影响了后继的学述。于是,水,根本上指的就是一种物质元素;以某种暴力为代价,同样的事情也发生在阿那克西曼德的 apeiron(无定、无限)和阿那克西美尼的气之上。以这种方式,"学派"的图景便围绕一个共同的中心主题而展开,但我们知道,这一图景后来出现了尴尬,因为相对阿那克西曼德的无定(它不可能是物质),阿那克西美尼的气就成了倒退,尽管大多数人所谓米利都"学派"指的乃是以阿那克西美尼为中心的一批人。这一切显然是亚里士多德所引进的概念导致的后果,他想借此克服《蒂迈欧》的数学和神话的观点。但同时亚里士多德在这里并不是那么令人信服,这是我从《物理学》开始的原因,在其中,米利都学派被以一种完全不同的方式加以描绘:阿那克西曼德被以一种迥异于其相关者泰勒斯和阿那克西美尼的方式得以安置,以便他们都能被视作对密集观念、灵活性观念、事物变化观念的阐释的代表人物。

即使在柏拉图那里,我们也明显注意到,他缺乏一种与自己的意图相符的概念性。我们看到,在从"静/动"这对概念,过渡到类似"同/异"这些纯粹形式的、逻辑的概念时柏拉图所包含的痛苦。当然这不是批评。人们在采纳亚里士多德四因说之后,往往认为柏拉图的努力是不完全的。不,问题并不在于此。问题在于从概念的使用中辨识古代知识及其表现力所达到的成就。我们今天也有类似实例。我们这个世纪,哲学所取得的进展,就是在对现象学概念及其意义视域的使用中,洞察某种前图式化(preschematization)。例如当海德格尔分析"意识"概念时,他明确表明,对该概念的使用乃是以"存在作为现成在手状态(presence-at-hand, Vorhandenheit)"为前提的。一旦某种哲学传统不再把概念作为自明的东西加以使用,同时思想的努力是以达到语言在日常使用中的可识别含义为目的,那么这种哲学传统在这里显然开始了交谈。

这正是亚里士多德在批评柏拉图的数学-毕达哥拉斯式的宇宙论时所发生的事情。我说过,四因说是亚里士多德《物理学》由以展开之概念基础。四因说这一概念使他抛弃了《蒂迈欧》中的神话叙述,同时超越了关于自然(physis)的数学构想。反之,亚里士多德的原因概念把手工世界摆在了最突出的位置。

这一学说的关键在于质料因概念。希腊词 hyle——即森林或木材——非常明显地表明它源自工匠世界,而许多拉丁概念则相应源自农夫世界。质料因的重要性在哪里呢?对于工匠,物质显然不是他的行为主体,而仅只是必要条件(sine qua non)。物质诚然不可或缺,但它完全取决于对规划的选择和实行。至少,物质不能独立自主地获得设计。当亚里士多德开始讨论自然时,他必须清楚表明,自然是存在[①]的某种东西,包含自身运动的开端,也就是说,包含自身的发展原则。相反,物质则绝不包含它的自身发展;由于它不具备这种性质,当然我们就可直接对它进行规定。智者安提丰(Antiphon)说:"插一片木材在土里,绝不会长出树。"亚里士多德赞许地引用了这句话。因此我们首先要理解的是,物质没有任何自成的功能,它是彻底不同于自然的东西。诚然,它是某种东西,它是 ousia pôs,在某种意义上是一种"存在者"[②]。但

---

① Seindes,英译本似不见该词,此处据法译本译出。——中译注
② ein Seiendes,英译本为 a thing that exists,法译本为 étant。——中译注

在另一种意义上,它又是某种"非存在者"①:就是说,如果我们把物质理解为某种确定的东西,例如我们写字的纸,那么这种"材料"(material)已经不仅仅是"物质"(matter)了。可以说它是四边形,是白颜色,等等;也就是说,它本身已经是一个产品,因为它有了形式和目的,并且可以使用。在某种意义上说,物质并不存在;也就是说,如果"存在"(existing)指的是"在这里存在"(being here)的"存在"(being)②,那么物质不存在。如果我说某种东西是"材料"(material),我的意思肯定不是说它是"物质"(matter),而是说它是有形状、有结构的东西,即是技艺(technê)的产品。但如果我们像亚里士多德一样,把创造者的作品排除在外,那么什么是自然呢?随着亚里士多德的科学在近代科学的开端之处发生变化,人们求助于万物有灵论,采取一种使物质概念的技艺色彩更接近于"自然"的方式,来表达前苏格拉底哲学的物质概念。但这个概念本身与隐喻也差不了太多,它并不能

---

① etwas Nichtseiendes,英译本为 something that does not exist,法译本为 non-étant。——中译注
② 这一整句的英译本为: if "existing" means "being" as in "being here",法译本为: quand "exister", "être", signifie "être ici"。——中译注

7 亚里士多德的学述方法

解决亚里士多德《物理学》中所提出的自然的本质问题。显然，物质并非自然区别于其他事物的特征所在。事情的关键在于运动的本原，即 hothen hê kinêsis。诚然，亚里士多德强调物质不可或缺，但这种强调根源在于亚里士多德是毕达哥拉斯和柏拉图的数学主义的反对者。要为自己的观点辩护，亚里士多德必须依靠质料因。而一旦必须以概念的方式确定质料因在现实中所履行的专属功能，问题就出现了。亚里士多德所找到的答案在其哲学中又有些含糊。"hypokeimenon"一词指的是某种"匿名的"东西，是一切变化的基质，但它同时也是句子的主语。这个词的含义纯粹是功能性的："在下面的"、"基底"。"substantia"无非是对"hypokeimenon"进行的范畴的、语法的拉丁翻译。

8
亚里士多德的《物理学》中的伊奥尼亚派思想

在柏拉图著作中已然依稀可见亚里士多德的术语。苏格拉底,其实是成熟期顶点的苏格拉底,在《斐勒布》开头说,有四类事物:第一类是无限(the unlimited),第二类是有限(limit),第三类是确定者(the limited),第四类是努斯(mind)①,努斯成就确定者。此处关乎毕达哥拉斯传统,亦即关乎 apeiron(不定、无限)与 peras(有限)之间的关系。数消除无限,并以数的知识,构成事物本质。对毕达哥拉斯派而言,数即存在本身。而柏拉图却在事物自身(in der Sache selbst)之中看到了第三个要素、实在的要素,此即第三类。柏拉图尤其说了第四类原因:努斯,它产生确定者。由此,我们超越了毕达哥拉斯传统。正是通过与该传统相区别的方式,柏拉图赋予努斯,即赋予理智

---

① Geist:希腊语为 nous。

(dem Geistigen)以真正的本质,实现了无限与有限的综合。

因此在我看来,柏拉图观点与亚里士多德立场之间的区别是清楚的:亚里士多德在 hyle 中看到变化所赖以存在的基质;柏拉图则在无定中、在"或多或少"(mallon kai hêtton)中、在"或大或小"(mega kai mikron)中看到基质,因此这也是一种以数学方式,确切说是以理念方式而构想的基质,最终,正是这一基质通过数而成为事物。柏拉图当然清楚,在解释从无限到自然事物的确定性,即到 physis 的转变过程中所存在的问题。因此他把努斯单独区分出来,使之成为确定性的实现者、无限与有限的统一者。要想超越毕达哥拉斯的绝对数学模式,这是必不可少的第四个要素。

而在亚里士多德看来,巨匠(demiurge)不过是一种无意义的比喻,是柏拉图用以表明理智主宰现实的一种诗意形象。概念仍然是缺席的。因此他询问:具体的、确定的存在怎样在自然中实现自身。此乃起源问题,此乃 haplêi genesis 问题。既然一切生成都以之前不存在的东西为前提,那么生成的可能性问题便出现了。倘不用神话巨匠来解释生成,那问题显然便是:既不借助这个不可思议的"无",而又正当地进行思想,这何以可能。

亚里士多德对此的回答是:"无"不可能存在。

这是一个有趣的问题。亚里士多德在这里显然考虑了埃利亚派,他彻底拒绝求助"无"(mêon),以便引入自己的概念,他的概念更适于"自然存在者"(natural beings, das natürliche Seiende),他的概念更宜把运动作为显著特征。亚里士多德用了"缺乏"(sterêsis)①一词。这意味着,例如在解释从冷到热的转变时,我们即可把冷视作热的缺乏,但不必视作实际进行的外在活动,就像工匠拿原材料并赋予它新形式那样。Sterêsis 概念乃是亚里士多德针对 genesis(生成)问题所给出的答案。我们知道,正是凭此概念,dynamis(潜能)②与 energeia(实际存在)的概念也得以发挥作用。我们不仅可以在《形而上学》,而且也可以在《物理学》第六章和第八章,以及亚里士多德的其他早期著作中找到这些概念。以这种方式,亚里士多德有了解决运动概念所包含的固有矛盾的可能性,并且最终达到了我们在《智者》中所遇到的运动与静止相统一的辩证问题。早在柏拉图之处,dynamis 就已经打开了一个新的本体论视角:这是一个"存在

---

① 该词还兼有"剥夺""丧失"等含义。——中译注
② 在柏拉图处一般译为能力,在亚里士多德处一般译为潜能。——中译注

者"(what is)概念,不应把它理解为某种在场的东西,即某种静止的、持存的既定者,而应理解为某种运动的东西以及引发运动的东西。到了亚里士多德的 dynamis 和 entecheia 这对概念中,"存在"(being)与"运动"再也不彼此对立了。

所有这些表明,为了解释具体性和偶然性,亚里士多德采取了某种立场,特意反对毕达哥拉斯的思考方式及其神话累赘,同时也表达了对柏拉图的神圣巨匠的反对。亚里士多德的这种自然(physis)视角促进了他的"学述"(doxography)。而他的学述解释了传统所包含的矛盾,因为在传统中,泰勒斯、阿那克西曼德、阿那克西美尼,既先后承接,但又缺乏逻辑。而在亚里士多德看来,他们完全没有这种先后承接。正如亚里士多德本人所说,我们只能把阿那克西曼德的理论与那些以从混合中进行分离为基础的理论归为一类。因为"分离/混合"这对概念不同于"密集/稀散"这对概念,所以我们可以依据亚里士多德的《物理学》推断,阿那克西曼德与阿那克西美尼不能归为同一组。因此,当亚里士多德在《形而上学》中从质料因的基本概念出发,归并三位米利都思想家时,他的行为显得相当粗略,并且还特别歪曲了阿那克西曼德的立场。所以我们必须寻思,亚里士多德关于伊奥尼亚派的真实想法是什么。

关于泰勒斯,我已经说了,他的真实问题不是质料因。与《斐多》所证实的一样,依据亚里士多德,泰勒斯的真实问题在于如下事实:当人们把木块压入水中,木块总要浮上水面。为了表示所有这些,我们用一个非常精致的词,即"宇宙"(universe),以指代某种具有统一性的东西,或者某种以统一性为目标的东西。这显然便是亚里士多德所真正掌握的关于泰勒斯的唯一信息,且由另一事实加以证实,即水乃第一元素,因为它代表一切生物的生长,但把这一观念归属于泰勒斯,文本①对此也只是一种猜测。实际上,这更像是公元前4世纪的、源自阿波洛尼亚的第欧根尼(Diogenes of Apollonia)的观点。至于亚里士多德的材料本身,无非只是表明泰勒斯所讨论的唯一主题:宇宙怎样依靠水。

阿那克西曼德的问题是什么呢?我们首先讨论一段著名箴言,我们知道,海德格尔曾为它写过一篇非常深奥的论文②,同时古典语文学家也对

---

① 此处指的文本见亚里士多德:《形而上学》,983b22 - 27。——中译注
② 伽达默尔所说的论文是《阿那克西曼德之箴言》,参见海德格尔:《林中路》,孙周兴译,上海译文出版社,2004年。——中译注

它作过细致分析,产生了许多有趣的成果。我指的就是辛普里丘所辑录的这段话: archên eirêche tôn ontôn to apeiron(《亚里士多德〈物理学〉评注》,24,13)。在这里,"archê"一词当然无非是指时间意义上的"开端"(beginning)。若把它解释为阿那克西曼德有意从万物所由之起源的角度得出"本原"(principle)的形而上学含义,那将犯时代错误。若 archê(开端)指的是 apeiron(无限),含义就很清楚:"无限是整全的开端。"在这里,我想起了瓦纳尔·耶格尔对亚里士多德《物理学》中的无限性的讨论,该讨论见《早期希腊思想家的神学》(Theology of the Early Greek Thinkers)中的一段精彩脚注。他在那里提出了一条正确途径,这同样也是我本人由亚里士多德《物理学》的概念出发所采取的途径。

文本继续: ex hôn de hê genesis esti tois ousi, kai tên phthoran eis tauta ginesthai kata to chreôn. 这也是一句众所周知的话:"按照必然性,诸生成物有其起源、有其生成之处,也将有毁灭发生。" "phthoran"是一个含义很丰富的词,也可译为"消散"(dissolution)。我反复强调词汇含义的重要性,因为哲学的生命就在其中:我们借助词语说话,为了掌握词语作为思想载体的含义,我们必须既掌握它们的原始含义,又掌握它们在各种语境中的含义。这里的含义是,消散必然不停地发生:didonai gar auta dikên kai tisin allêlois tês adikias kata tên tou chronou taxin。我想再次提醒你们,关于这句格言,尼采在《希腊悲剧时代的哲学》(*Philosophy in the Tragic Age of the Greeks*)中,叙述了以《奥义书》(*Upanishades*)为基础、归于叔本华的解释。在他们这里,这段话被理解为:"存在物(Die seienden Dinge)要为其不义付出代价,因为它们打破整全而变为个体。"但这种解释站不住脚,因为在辛普里丘的记载中有"相互地"(allêlois)一词。这意味着存在物"为着彼此"(for each other)而遭受惩罚和赎罪。不必奇怪,以前的解释所依赖的文本没有"相互地"一词。但真相是——尤其自从文本修复以来——经由辛普里丘所传递下来的文本完全不是这样,而且它与叔本华的形而上学以为基础的"佛教"也毫无联系。如果我们不删除"相互地"一词,而是恰当地留意它,我们将意识到它涉及对立(enantia),因而也涉及对立者及其相互关系。那么阿那克西曼德箴言所表达的无非是平衡,无非是宇宙中所存在的永恒均衡,以及每一盛行趋势将会被另一相反趋势所取代(verdrängt)的事实。总之,阿那克西曼德箴言的目的显然是表达现象之间的自然平衡。依据这样的文本校勘来研究海德格尔的那篇论文,同样也会获益匪浅。

这段文本还有一处关键:有学者认为 kata tên tou chronou taxin("按照时间顺序")是辛普里丘的一种解释性附加。这一源自弗朗兹·狄尔迈尔(Franz Dirlmeier)的论点在我看来是可信的,也正是因此我不能完全相信耶格尔的推测,按照其推测,阿那克西曼德借用了伊奥尼亚城邦及其秩序,"时间"就像判官,位于宝座,决定处罚。其实这在阿那克西曼德这里完全是子虚乌有的,不过是强加上去的解释罢了,尽管它出自一位其解释总是值得认真思考的人。这位解释者知道宇宙圆球爆发的神话是阿那克西曼德宇宙论的来源。这也证明亚里士多德的直觉是合理的,即他认为阿那克西曼德的观点不是以泰勒斯和阿那克西美尼所阐释的密集/稀散为基础,而是以从混合中进行分离为基础。

泰勒斯和阿那克西美尼可以被构建为同类倒是清楚的。水和气确实服从于密集与稀散的变化。但在水与气之间有阿那克西曼德,以这种方式而把阿那克西美尼看作相对于阿那克西曼德的一个退步,这完全是荒谬的。事实上,阿那克西美尼被看作学园首脑,这一事实也足以反驳上述观点。亚里士多德谈论 hoi peri Anaximenên,也就是"那些围绕在阿那克西美尼身边的人"。正是阿那克西美尼被看作米利都思想的代表。可见,阿那克西美尼不会不理解阿那克西曼德所提出的无定(apeiron)概念的深度。其实,所有的疑难都来源于对"apeiron"一词的误解,除了不确定的实体之外,它在这里肯定还有其他含义。我还认为,补上 kata tên tou chronou taxin(按照时间顺序)这句话的解释者已经意识到了这一点,他大概与阿那克西曼德一样,看到了一种无界限、无终点的周期运动。apeiron 正好既无开端也无终点,它就像一个圆环,一次又一次返回自身。此乃存在之奇观:运动不断进行自我调节,以逐渐进入无限。似乎这就是存在物的真正开端。海德格尔所坚持的正是这一关键,即,时间性乃是存在者的显著特征。但关于存在的这种周期性观点能够与 apeiron 一词的用法取得一致吗?如果我们把开头的那句话——archên tôn ontôn to apeiron——理解为一定程度上的矛盾表述,不望文生义,那么问题便自然消失。但这正是学述传统所不能接受的,它认为,既然 archê 必定要么是有限的东西,要么是无限的东西,那么把阿那克西曼德的 apeiron 理解为无限的实体就是可信的。而我却想以一种概括的、稍带挑衅的语气来说:对于存在物,构成其开端的,正是在于它们没有开端,因为存在物乃是在持续的周期性中保持自身。

诚然,我们知道阿那克西曼德并没有下这般结论。但依据宇宙作为一种围绕自身进行的平衡转动的观点,难免要追问在事物的永恒平衡之前的东西究竟是什么。我们可以发现这一问题的答案。答案就在当时的宇宙论新神话中,这是一个关于宇宙蛋爆炸的神话。最近的研究表明,东方的宇宙论神话,尤其赫梯人(Hittites)和苏美尔人(Sumerians)的神话,就是以这种看法作后盾的。我们知道,这种宇宙论的相关问题同样也引起了争论。阿那克西曼德是否有意设想一种自身不断周期往复的宇宙论,从而使宇宙的多样性从宇宙蛋中孵化出来? 诚然,宇宙多样性得以肯定。但这样一来,我们就得接受恩培多克勒和德谟克里特包含了阿那克西曼德这一事实。在他们那个世纪,对感官知觉进行抽象,达到提出如下这种假说的程度确实是可能的:周期性意味着宇宙的一种新构成,也就是宇宙由万物的爆炸、测定及构造所产生的一种新秩序,而且每每这时,新的解体和爆炸总是随之发生。但据我本人和其他学者所持的观点看,这种解释与阿那克西曼德所提供的证据并不吻合。归根结蒂,我们的注意力应直接放在宇宙中的各种存在物之间的相互均衡上。在证明阿那克西曼德所采用的语言并非佛教式的神秘语言——依这种语言,个体化被视作一种冒犯,因而必须付出代价,接受惩罚——之后,耶格尔尤其证明,阿那克西曼德的语言乃属于城邦的语言、法律的语言,此处涉及的乃是城邦的社会均衡和政治均衡。尽管如我前面所说,我不大愿意像耶格尔这样走那么远——依他看,阿那克西曼德把"时间"设想为位于宝座的判官——但我仍认为,阿那克西曼德的语言回到了政治语言,回到了反映城邦秩序和制度的语言。正因如此,我认为不能把宇宙多样化的思想归属于阿那克西曼德。相反,这更可能是后世传统的附会,类似于阿波洛尼亚的第欧根尼及其同时代人把第一元素的概念与泰勒斯的潮湿观念相附会。

关于阿那克西美尼,我仅满足于指出这点,他的方法被认为在那时最早具有"证明"(proof)价值而毫无删减地传递下来。例如关于存在的紧缩"证明"("proof" for condensation of being)——当嘴唇闭上,由于压缩和紧缩,空气是冷的;当嘴唇张开,由于稀疏,空气是热的。我们尽可嘲笑这种"证明"的幼稚,但它的重要性在于它想提供一种以事物观测为基础的证明,哪怕是一种非常荒谬的证明,这也可能是当时的思想家们所采用的典型方法。

总之,结论可表述如下:在作为所谓米利都学派成员而流传的三位思想家中,有一个显著的共同导向。同一问题在不同情况之下提出——在泰勒斯之处以水,在阿那克西曼德之处以宇宙周期,在阿那克西美尼之处以气。所有这些我们均可诉诸亚里士多德《物理学》所展开的概念性而加以表述,为此我们采用了 physis 这一概念。这些思想家所阐述的新颖之处正在于此:重要的乃是 physis 问题,乃是变化之中和现象的多样性之中的持存者。使这些思想家得以统一,并被视作希腊思想第一阶段的,乃是他们把自己从 mythos(神话)中分离出来的意愿,以及通过可观测的现实(这一现实就在它自身之中承载自身和规范自身)进行思想表达的意愿。这种努力可在亚里士多德《物理学》的概念性框架中得以恰当描述。

我的观点还可借克塞诺芬尼的哀歌进一步证实。你们知道,克塞诺芬尼是一位游吟诗人,他跟毕达哥拉斯一样,在波斯人占领他的家乡后,从小亚细亚迁到了意大利南部。这是一件很重要的事,乃至成为西方思想新篇章的开端。克塞诺芬尼给我们留下了一串迷人的踪迹。诚然,他既不是思想家,也不是埃利亚学派的创建者,甚至埃利亚学派根本就不存在。埃利亚学派很可能是后世学派盛行时代的发明。在学派大师眼里,什么都成了学派。但克塞诺芬尼的巨大重要性却恰好在于他是某个完全与此不同的人。他是游吟诗人、朗诵艺术家,练习朗诵宏伟史诗。他自己的哀歌受称颂,因为它们不对人们讲述英雄、巨人和怪物,而是讨论德性。他还公开宣称,歌颂竞赛功勋及其获胜者是不妥当的。最高尚的事物属于其他领域,也就是教育和知识,唯有这些才值得授予荣誉并加以赞扬。这是一种特殊价值的见证,即便我们所听到的不是哲学家的声音,而是游吟诗人的声音。

不过克塞诺芬尼的某些格言也体现了对哲学的兴趣,如第尔斯/克朗兹(Diels/Kranz)所辑录的第 23-28 残篇。以下句子便是这些残篇的开头:eis theos, en te theoisi kai anthôpoisi megistos, outi demas thnêtoisin homoiios oude noêma. 大意是:"独一无二的神啊,人和神中的至高无上者,无论在外形和思想上都不与凡人类似。"(有人可能会批评"独一无二的神,人和神中的至高无上者"含有逻辑矛盾。但有谁说这是一篇合乎逻辑的论文吗?)独一无二的神所指为何? 答案就在下面的残篇中: all' apaneuthe ponoio noou phreni panta kradainei("在他的努斯的帮助下,他统领一切"),以及 aiei d' en tautôi mimnei kinoumenos ouden("他总保持在同一地方不动")。最后这句极为重要,因为克塞诺芬尼被当作埃利亚派的创建者正是源于此,通过断言"一"是不动者,他否定了运动。而我的看法与此相反,我认为这些诗句所暗指的显然是米利都学派讨论的问题:承载宇宙或整体的,也就是它自身;而与此宇宙或整体相应的,便是浮于水面的大地,或是阿那克西曼德所描绘的宇宙周期性①,又或是支撑密集和稀散变化的气。于是一切都变得清楚了。独一无二的神、新的神,即是我们所称呼的宇宙。此乃唯一的存在者。对希腊人而言,"神"乃是一个谓语。

谁采纳了这种观点? 谁真正教导说世界依赖

---

① 英译本把"阿那克西曼德所描绘的"移后,用以形容"气",显然有悖于事实。法译本的理解与中译者的理解是一致的。——中译注

自身而不动?当然是巴门尼德。他的诗歌是针对米利都学派所提问题而作的精彩回答。我们的讨论所涉及的是事情的逻辑,而不是这种逻辑——水最先出现,其次是无定,最后是气。我们对这种逻辑毫无兴趣,我们感兴趣的毋宁说是这后面所隐藏的问题,是实在(reality)以其整体视野所呈现的方式。此外,正如我们已曾看到,《斐多》中的苏格拉底所关注的也是同一主题,在那里,他以故事的方式表达了对 peri physeôs("论自然")的不满之情。我们对阿那克西曼德宇宙论的兴趣也正在于此,我们所在乎的,乃是竭力发现事物的内在秩序。源始球体爆炸与柏拉图后期论述有相同含义:事物秩序以支撑现实和统领事物的理智作为前提。这便涉及一个典型的、不断重生的问题。在基督教文化背景中,我们也可碰见这一问题,即当考虑上帝创世之前的作为时。奥古斯丁在《忏悔录》第 10 卷讨论了该问题(路德则回答说,上帝进入森林,砍伐棍棒,目的就是惩罚提这种问题的人)。倘某位思想家致力于理解这种取代史诗传统的"新神话",那他定然要思忖如何思考自然的起源,即作为承载自身的整体的自然。对这一问题该如何作答?借助于一种新神话、一种宇宙论、一个源始球体,抑或一种神秘描述?所有这些回答,对那些凭理性概念进行思考的思想家,均是不满意的。因此便有如下回答:没有任何起源,没有任何运动,没有任何变化。于是我们到达巴门尼德诗歌所表述的"存在者"理论。这种回答作为一种科学途径,将取代神话传统和奥林波斯山众神,众神,如赫尔墨斯者,也常常被卷入世俗事务中。首要的、真正的、唯一的神不运动,毋宁说它依赖于自身,因为他无非就是宇宙,无非就是宇宙所应有的谓语。

于此,我们到达巴门尼德的诗歌,它是从西方思想的开端时代流传给我们的唯一连贯的哲学文献。诚然,只有少部分保存下来,完整形式为何,我们无从知晓。但我们能以流传下来的部分为基础,也就是以几乎完整的第一部分和第二部分的某些残篇为基础,构想它的整体。正如我们将看到的,整体的问题直接存在于两部分的相容性之中。因为在第一部分"存在者"被看作是不动的东西,而第二部分却表达了自然连续性的观点。

为了对我之所说下一结论,我需要补充一项说明。在我对这些主题的探究中,我省却了一些区分,因为它们没有哲学含义的差别。也就是说,我没有区分三位伊奥尼亚哲学家,但我确实区分了伊奥尼亚派和埃利亚派。因此我也没有详述赫拉克利特关于宇宙的新观点,他无疑提倡一种类似巴门尼德的学说。例如,有证据表明赫拉克利特批评"博学"(polymathy),即关于他所指责的许多事物的过度交流,这在荷马和赫西俄德的作品中,在毕达哥拉斯和其他作者的作品中都有。赫拉克利特把他们都看作没有正确把握事物的作者。这也是对由宇宙新观点的发展所提出的问题而作的一种回答。赫拉克利特和巴门尼德拥护到目前为止的同一种立场。尽管他们是不是同时代人抑或赫拉克利特稍年长些,现在仍未确定。但我认为,在早期希腊思想的进程中,他们无疑实现了同样的功用。如果他们确实实现了同样的功用,那我们再为他们彼此的假想关系而进行争论,便尤其不明智。也许他们互相一无所知。总之,亚里士多德和黑格尔的模式被 19 世纪的历史主义所采纳,依据这种历史主义模式,巴门尼德被视作对赫拉克利特的批评者,在我们这个世纪又出现了相反的模式,但最终都像一场无用的游戏。真正重要的,乃是理解巴门尼德和赫拉克利特对同样的哲学挑战所作的回答,尽管这一挑战所采取的方式不同,但它在希腊诗歌和传统中已经形成。

9
巴门尼德与凡人的意见

我们在这点停下来:就前苏格拉底哲学史而言,巴门尼德诗是我们可支配的第一份原始文本。这段历史是我们的研究对象。

如我开始所说,伟大的史诗传统始自荷马和赫西俄德,尽管它采取了神话和叙事形式,但仍然具有哲学价值。埃利亚哲学采用荷马的六音步诗体来表达自己的论证,这绝非偶然,并且它也不是唯一这样做的。在史诗宗教视野与概念思维之间显然有紧密联系。我们最先在柏拉图处看到这两者的分割,尤其当他把讲故事视作先贤们的显著特征时(我们在研究《泰阿泰德》和《智者》时已经看到了这点)。由此出发,思想踏上了逻各斯之路、理性之路、辩证法之路。一条通向真理的新路径随柏拉图和亚里士多德哲学而展开。

不过,在巴门尼德的作品中,我们就已然遇到了这种概念性的雏形,尽管是以诗的形式。他的诗有一完整部分(大约60行)保存了下来,其余部分则只留下了一些残篇。对此,一种解释认为是由柏拉图和亚里士多德的影响所致。因为柏拉图的首要兴趣在诗的第一部分,这便赋予其持久重要性。但这种影响并不足以让我们抛弃这首教诲诗之"序诗"(Proem)。序诗可以使我们对佚失了的整体的这第一部分有完整把握。

在解释这篇作品之前,最好先指出,这篇文献的风格乃是属于源自荷马的史诗传统。换句话说,它不是一位教员与另一位教员进行论战性的辩论而写的书。论战性的意图在史诗风格中不是很有效。而在前苏格拉底哲学的历史表述中,普遍为人所接受的是一种批判性的讨论,讨论的一方是生成(becoming)的拥护者,另一方则是稳定(stability)的支持者。诚然,像这一类事情确实是有的,但我以为赫拉克利特与巴门尼德之间不属于论战性的辩论形式。在19世纪以来的历史主义和语文学著作中,第6残篇(据Diels/Kranz的编号)被解释为所谓论战的证据。人们认为,巴门尼德的批判在这里针对就是赫拉克利特,赫拉克利特矛盾地把存在等同于非存在。但我曾说,如果我们考虑诗歌整体的史诗风格,那么这种解释在我看来是不成立的。我们只需想想这点就够

9 巴门尼德与凡人的意见

了:诗歌好几次用以指代巴门尼德论战对象的术语乃是"doxai brotôn"(凡人的意见)。"brotoi"(凡人)不是一个表示与赫拉克利特进行批判论战的词。事实上,它在史诗中乃是作为一般意义的"人类"的同义词而使用,以指代我们的共同命运,相对于不死者而言的命运。因此显然,这里并不涉及与某位大思想家而进行的批判性讨论。毋宁说,当第6残篇提到"doxai brotôn"时,它指的是人们的常规看法,而非以弗所的智慧者①的教义。历史主义在自己的时代完全无视巴门尼德文本所具有的诗歌价值。令人奇怪的是,人们总是在承接次序上把赫拉克利特置于巴门尼德之前,即便在第尔斯之处也如此。实际上,他们大致是同时代人,若我们以这样的承接次序来讨论他们,其实就已经设定巴门尼德针对赫拉克利特的批评前提了。

我们现在可以进入文本本身了,我在这里引用的依据是第尔斯/克朗兹(Diels/Kranz)版,我们从序诗开始。序诗显然是以赫西俄德《神谱》的序诗为创作模式。在《神谱》开头(22-28),缪斯

---

① "以弗所的智慧者"在这里特指赫拉克利特。——中译注

对赫西俄德现身,赫西俄德正在赫利孔山下牧羊。这就是他日常生活的领地。缪斯在这里对他宣布他的任务:歌唱过去和将来的事情,歌唱神族和英雄。

我们应当注意到,缪斯说他们既教导许多真理,但也同样教导谬误。这种真理和谬误的双重性非常重要,我们后面将会看得更加清楚,这是我们解释巴门尼德诗的关键。在柏拉图那里也有这种双重性,如柏拉图说,即使速度最快的竞技者在竞赛中也可能失败。这是一种对理智活动中的真理和谬误互相交织的反讽描述,在亚里士多德著作中,如在《物理学》《灵魂论》中同样有类似说法。在中世纪,天主教学说的讨论同样也以反对和驳斥作为手段,以便以 respondeo dicendum[①] 的方式最终达成对论题的理解和确证。这种真理和谬误的交织也体现于巴门尼德诗中,不过,就像赫西俄德作品一样,它采取了诗的形式[②]。自卡尔·乔伊(Karl Joël)以来,纵然受尼采及其同时代人对

---

① 在《神学大全》(*Summa Theologica*)中,阿奎那针对他之前所提出的每一论题或主题进行一系列反驳。他把这种反驳称为"Respondeo. Dicendum quod..."字面意思为:"我回答。说……"(I respond. Saying that...)但大多数译者都仅仅略为:"我回答……"(I answer that...)

② 这句话的句法对德文有轻微改动。

俄耳甫斯主义兴趣的影响,诗歌的价值实际在19世纪末的文化背景中被忽视了,同时神话-宗教的价值也遭低估。存在的不动和不变的新观点用以展现自身的形式与宗教之间的联系被彻底排除。相反,重要的乃是一种典型的逻辑论证:存在不可能是非存在。并且,类似情况也出现在像克塞诺芬尼这类游吟诗人对关于自然的新理论的反应中,对此我之前已曾指出。此外,若我们设想有一个处于均衡状态的宇宙,它或受水所承载,或受规则的周期性所组织,那么我们将面临如下问题:如何可能描述或者思考这一宇宙,但同时不提出宇宙怎样诞生、诞生之前的情况如何这类问题?这一问题困扰人类思想至今。

现在让我们回到文本。我们知道,序诗描述了诗人乘四轮马车的旅程。太阳的女儿们陪伴并为叙述者引路。最终,我们抵达一扇门前,圣女拂去头上的面纱。这是他们现在进入真理之光的标志。这里矗立着一扇门,一扇得以细致描绘的巨门。这种精致的描绘(赫尔曼·第尔斯对此作了细致评注)再次与表明这篇文献特征的精炼文学技巧联系在一起。但解释的细节之处则有争议。若按整理出版巴门尼德诗的西蒙·卡斯腾(Simon Karsten)的看法,序诗所描述的首先是行程,其次是起程,最后是抵达。这种结构在我看来人工痕迹太重。起程其实根本未曾发生。诗歌叙述马车到达门前,太阳之女说服狄克(Dike)开启大门。诗人以华丽而生动的笔法描绘了进门过程,使整个序诗部分具有鲜明特征。有人认为,比如说,车轮的迅捷旋转及其发出的吱吱声响栩栩如生,这些迅捷的图景和快速的疾驰使人想起灵感(inspiration)的突然性和直接性。这反映了灵感也由这一事实得以确认,即在致敬之后,女神向诗人宣布,她愿意传授他许多事情。但意味深长的是,这里的动词屡次采用了叠复(iterative)形式,这种用法既不符合灵感的思想也不符合突然的启示,而更像在暗示某种可重复的东西,某种值得反复琢磨和深思熟虑的东西。相同的东西通过重复而进行表达。并且,若两位太阳之女敦促诗人"一次又一次"(即并非一蹴而就)迈出黑暗之所,进入光明之境,则我们必须下结论说,序诗含有双重喻意。不该只看到灵感的主题,而且还应看到为远路作准备的主题,为第一行诗所谓 hodos polyphêmos(那条著名的路)作准备的主题,在这条路上,行人获得某些经验。总之,诗人想以非常精炼的形式让我们理解他作为事物的探索者和认知者的经验,但这并不妨碍他最终需要女神的引导。

另一个引起很大争议的问题是女神的身份。《伊利亚特》序诗所祈求的女神名也提出了这个问题。对我来说,我相信我很清楚与思想家对话的女神是谁。她是摩涅莫辛涅(Mnemosyne),即记忆(mneme)女神。知识以记忆的统一力和承载力作为基础。知识是对获取的经验的加工,而这些经验又不停地在积累,引发对我们而言的意义问题的追问。我们已经在一定程度上通过经验认识了事物,但我们还想知道是什么赋予所有这一切以意义的。因此,比如说,一旦我们把米利都思想家们所建构的宇宙理论与这种理论所提出的问题——即宇宙本身的统一性如何可能被思维——联系起来,那我们就获得了关于宇宙理论的确实知识。当然,记忆问题仍继续存在于巴门尼德诗句的背景深处,不过它不以概念的形式体现,而仅只作为揭露真理的女神的诗意图景。

我们现在讨论女神所宣称传授的内容。她亲切接待来访者,伸手表示欢迎和信任。这也使我们对公元前 6 世纪的希腊文化油然而生一种家园之感。"神的教导包含一切东西"(chreô de se panta puthesthai),"既有圆满真理,亦即它的不可动摇之中心"(êmen alêtheiês eukukleos atremes êtor),同时也有"凡人的意见"(brotôn doxas)。

我们应立即注意到"真理之中心"这一表述用的是单数,与此相对,"凡人的意见"却用的是复数。出人意外的是,关于埃利亚哲学的解释认为,巴门尼德本人以这种方式把真理与 doxa(opinion)彼此置于对立。实际上,巴门尼德根本没有说 doxa,而是说 doxai(opinions),这在我看来非常自然。真理是唯一的,而人的意见却有无数。Doxa 无疑是柏拉图最先使用的概念,目的在于区分众多意见与独个真理。

因此很清楚,女神既想传授真理,也想传授凡人所持有的意见、不包含真理的意见。但后面两行诗的信息却变得更复杂,解释者把注意力集中于它们并非偶然:"人们必须以这样一种方式理解意见,即它们以自明的可信性和确凿性呈现自身。"(很遗憾,译文丧失了诗的价值。希腊文本有一种富有联想的音节,甚至犹如瀑布般的声调:all'empês kai tauta mathêseai, hôs ta dokounta chrên dokimôs einai dia pantos panta perônta.)因此问题不仅涉及真理,而且也涉及意见的繁多性。这也由亚里士多德间接地证明了(我们别忘了,他知道完整的教诲诗),他说巴门尼德确实想主张存

9 巴门尼德与凡人的意见

在的同一性,所以他否定运动和生成,但后来在经验真理的促使下,他抛弃了这种想法,并对多样化的宇宙和生成的宇宙进行了描述。我们在当今的某些解释者身上同样可见这种幼稚看法:巴门尼德起初否定运动,只承认存在,但后来在经验的促使下,他又给运动的东西腾出了空间。在我看来,这与另一些作者的做法同样荒唐,这些作者试图通过另外的文本释读方式来解决问题,以为这种释读可以消除明显的矛盾。

其实,我们在这里面临的是一个思辨问题,不可能把逻辑思想的真理与经验及其或然性相分离,这是一种与人的本性相关的状态,即使它有意利用神的帮助(wenn sie die göttliche Hilfe wissend macht)而达到某种超越性。人的发展不是固定的,不是完全孤立于他所遭遇的自然条件。人类有能力来思想,有能力来超越他所处的条件,有能力来获得多种可能性。这就是人类被赋予的、向可能性敞开的奥秘:凡人绝不仅仅是认识一个真理,而是发现多种可能性。我认为,这一主题的基础就存在于巴门尼德的诗句中,这些诗句以女神的口吻告诉我们,独个的真理不可能与繁多的意见相分离。

我们现在考察序诗所发起的主题如何展开。它包括两部分:第一部分关于真理,第二部分关于意见。我想先讨论从第一部分到第二部分的过渡。因为在这种过渡中,两部分之间的相互关系以及整体的衔接都体现得非常清楚。第 8 残篇之第 50‑52 行说:"由此,我将使我的无可争议的论证和我关于真理的思想得出最后的结论。"[1]但你现在也必须掌握凡人的意见(doxas d'apo toude broteias),凡人的意见通过语言解释万物如何构成宇宙、秩序,不过它们也会误导你,因此它们不一定真实,而只是符合表象。显然,这里的"doxas … broteias"即相应于序诗中的"doxai brotôn"。[2] 这是有意的重复,是希腊文学表达思想结论的惯用手法。我们在这种情况下期待新篇章的开始。

新篇章论述关于宇宙的可信意见和观点,它们并不是真理的全部。对第一行(53ff.)进行解释非常困难。许多专家对此作了深入研究,他们的贡献有助于我们澄清它。在我求助于文献分析来处理这些困难之前,我想进一步指出我怎样理

---

[1] 对德文文本有轻微改动。
[2] 对德文文本有轻微改动。

解这些诗行:人类选择了适合于存在物的两种形式,并采用两种表达稳固地安排它们。但他们这样做时犯了一个根本错误,即,他们把两种形式隔离开来,而不是把它们保持在一种存在中(dem einen Sein)。有一点很清楚,正如米利都哲学所提出的,我们必须面对世界的生成。我们在这里再重复下:牢记米利都哲人给我们留下的唯一箴言,即阿那克西曼德残篇:存在物将"相互地"(allêlois)依从正义。你们记得,从"相互地"一词出发,我们已经看到,对阿那克西曼德而言,生成的过程绝对不是不正义,而叔本华、尼采以及其他19世纪的解释者,他们把这种自身从神圣的整体中分离出来,然后又被整体吸收回去的过程称为"涅槃"(nirvana)。他们当时所见到的文本都没有"相互地"这一非常关键的词。阿那克西曼德其实指的是一种宇宙秩序,在这种宇宙秩序中,没有任何个体可以最终地、绝对地取得优势,而是不断与其他个体达成均衡,如同夏天在冬天之后到来,均衡以此方式得以重新确立。我们在这里思考的诗行中再次碰到了该主题,正如女神在别处宣布的,她同样也想从自然的角度,传授那些以满足于观察的方式而呈现自身的东西。因此我们的任务是,不仅要把握巴门尼德诗中的伊奥尼亚哲学主题,而且还要明白这些众所周知的主题采取了一种更有意识、更加确定的理性形式。

我们现在看文本。第53行:morphas gar katethento duo gnômas onomazein,"凡人决定了对存在物采取两种命名形式。"该主题在第54行进一步出现:tôn mian ou chreôn estin,这种表述给这段话的读者带来了相当大的解释困难。按常规解释,文本在此断言,关于实在的两种形式或两种名称的其中一种是不正确的。但这种解释歪曲了希腊语的使用。因为,如果我们想用希腊语表达"二者之一"(one of the two),即与另一事物相关的某一事物,那我们不用"mia",而用"hetera"。因此,这里的"一"不是"二之中的一",而是事物的统一体,是在两种不同种类之后的真正的统一体。事实上,后面诗行的首词是"tantia",这是"ta enantia"的诗体形式,表示一者与另一者相互对立(das einander Entgegengesetzte),这显然是伊奥尼亚的思想基础,即,对立者(enantia)互相斗争和互相取代,这就开启了一种单独的、无限的运动,均衡也就在这种运动中不断地确立。此即阿派朗(apeiron)。所以,文本所说的两种分离的形式,体现了一种关于对立者不断平衡自身的理论,就像在热与冷、明与暗之间的平衡。新"篇章"的第一步显然是由与伊奥尼亚派相容的观点构成,第二步则涉及在对立者的这种交替中,避免对"无"的"非思"。在那里既没有生成,也没有消逝。当明与暗互相替换时,它们是分离的东西吗?事物的"存在"(being)仍然保持原样吗?

文本证实了这点:因为它接着说,人类借助符号(sêmata)把对立者中的一个与另一个区别开。在文本中我们看到 chôris ap'allêlôn,我们又遇到了在阿那克西曼德箴言处已经熟悉的"相互"(allêloi)一词。现在我们能够明白这个词的含义了;文本显然是指,对立者处于相关性中,没有分离。那么文本涉及什么样的对立者呢?米利都哲学讨论了冷和热、湿和干,等等。而在这里,在第 56 行,一方是 tê men phlogos aitherion pur,"燃烧的以太火,是温柔的,很轻,在各处都和自身同一";但它 tô d'heterô mê tauton,"不相同于其他,不相同于其对立者,因为另一方是无知的黑夜,在形体上致密且沉重"。[①] 我们要注意这种观点如何优越于米利都学派。这里谈论的只是一种对

---

① 第 56 行的这两句中译文取自 G. S. 基尔克、J. E. 拉文、M. 斯科菲尔德:《前苏格拉底哲学家:原文精选的批评史》,聂敏里译,华东师范大学出版社,2014 年,第 396 页。——中译注

立,绝不是"存在"(being),毋宁说是显现,是光明或者黑暗。于是,通过对光的积极特性的描述,使之有别于黑夜,进而突出它的优越性。黑夜则被赋予消极特性。"积极"与"消极"的对立在此意味着什么?我认为答案很清楚:光明与黑暗不是作为实在,而是因与知识相关而被视作"积极"与"消极"。光对于存在之显现乃是积极的东西,而黑暗对这种显现则有消极影响。我们在此可以感受到,这些对立本身是容易理解的,但我希望,从今以后,启发它们的那种原则是清楚的,也就是说,当我们掌握了某一事物的含义时,该事物即得以正确理解。切实可行的释义学原则,往往是以这种方式来解释文本,即把含蓄的东西变为明确的东西;例如,当我着手对学生或同事解释黑格尔《逻辑学》片段时,我们的漫长争论的结果,也就是黑格尔文本所阐述的东西。在我们对巴门尼德的解释中也同样如此,只要我们的工作是在正确的途径上。

通过对这些诗行的解释,我们得到如下成果:第一,我们在上面提到的诗行中,发现了一种宇宙观,该观点认为,宇宙由相互关联的、不可分离的对立者构成;第二,这种观点的概念优越于伊奥尼亚派,因为它避免了对"无"的思考;第三,光明和黑暗的意象把这种观点概括为存在的显现及其可知性。关于最后一点,若我们参考教诲诗中把"存在"(being)等同于"noein"的相关段落(如第 6 残篇的第 1 行、第 3 残篇),则它会更清楚。我们通常把"noein"一词译作"思想"(thinking)①;但我们别忘了,它的基本含义并不是专注于自身,不是反思,而是正好相反,它乃是对所有事物的完全敞开。至于努斯(nous),它首先指的不是某人自己发问他每次在那里所确定的东西,而是观察有某种东西在那里(there *is* something *there*)。词源学可能把我们导回到动物的感觉,动物通过嗅觉来注意事物,它没有更精确的知觉。正因如此,我们必须理解巴门尼德的"思想"与"存在"的关系,也正因如此,在我们所考察的第 8 残篇中,"noein"被作为"存在"的首要特征受到了特别强调。文本想表达的是,存在自身的存在(being of being itself)以这种方式显现:存在直接在那里,如同青天白日在那里。

根据巴门尼德对温和的(友好的、慈善的)、飘逸的并且与自身一致的火的描绘,我想再另提一问。我们已经把火理解为光明,在光明之中,存在

---

① 请注意,这里的"思想"是动词。——中译注

的显现变得清楚。但我们还必须把它与古代宇宙论联系起来。古代观点认为,天体由火构成,这就需要把火归结为一种稳定的存在(ein stabiles Sein),一种既不会毁灭,也不会自我消耗的实在——事实上,人们已经把如下学说归给了阿那克西曼德:天空中有孔穴,天体之火通过孔穴而闪烁和闪耀。因此,由对学述传统的描述进行考察可知,在阿那克西曼德之处,火作为一种元素,必须首先把毁灭性排除掉。而现在,毁灭的对立面乃是 êpion,文本实际用了这一术语(第 8 残篇,第 57 行),表示温和、轻柔、友善。同样,我们也可以在《蒂迈欧》(31b - 33)中看到火在多么大的程度上提出了问题。在构成宇宙这个巨大的生命有机体的构造中,有一种费解的关系存在于火与其他元素之间。在斯多葛派哲学中,我们也遇到了同样情形,依他们看,火永不熄灭,照亮并赋予生机。因此正如我们所见,在阿那克西曼德宇宙论的背景中,火被看作是不可毁灭的,作为稳定的、同一的元素发出光芒,使事物可见,尽管这需要孔穴的帮助。我们还可以另举例,确证伊奥尼亚派气象论和宇宙论的某些主题反映于巴门尼德之处。但对我们而言,重要的是理解在此反映中所发生的事情。我们必须把这里的火理解为光,理解为光

9　巴门尼德与凡人的意见

的同质性和自我同一性。存在的同一性由此得以理解。显然,这里体现了一种与凡人意见,即满足于表象的意见之间的接近关系。

通过对第 8 残篇最后几行诗的分析,我们可以得出结论,这些诗行具有过渡特征,即从致力于探索真理的第一部分(第 8 残篇的前 50 行)过渡到第二部分,这部分专注于凡人所持的宇宙的意见。第二部分虽不如第一部分那样保存完整,但它仍包含一种对凡人意见的详尽的、结构完美的叙述,而且这种叙述同样也是知识的呈现。这不是因为此处有一个连续传统而进行的含糊猜测。对此我们可以拿出证据,例如亚里士多德在《形而上学》(Γ5, 1009b 21)中所引用的、仅由确定无疑的四行①诗而构成的第 16 残篇中。原文如下:hôs gar hekastot echei krasin meleôn polukamptôn——"正如机体的四肢伸展的关系一样"——tôs noos anthrôpoisi paristatai——"努斯(nous)也如此出现在人之中"。(换言之:思想作为对某物的意识,作为理智知觉,它与机体构造相关;只要另一个显现,那么这一个就存在——关于这点,我们要考虑那些时代的医学和生物

---

① 此处英译本为"四行",而法译本为"六行"。——中译注

学。) To gar auto estin hoper phroneei meleôn physis anthrôpoisin kai pasin kai panti——"这往往是同一回事：思想（也就是）每个人的机体的构造"；to gar pleon esti noêma——"被知觉者往往是占优势者"，正如光布满万物。

对这段文本的解释可谓费尽笔墨，我们必须把它放在它与那时的医学和其他自然科学的关系之中来解释，那时的观念认为，知觉依赖于人的机体元素的结合。我认为这种观念并不新鲜。如果我们记得这部分教诲诗已经讨论过的意图，那么解释的真正任务便映入眼帘。我们此时的任务是，弄清楚在何种意义上、在哪些方面、从什么角度说这种观念超越了伊奥尼亚派。

在此我想首先强调，在史诗中已经有了神话学的解释，依这种解释，人类思想的显现起源于神圣力量。在伊奥尼亚派之处——正如在巴门尼德之处，因为巴门尼德涉及伊奥尼亚派——这一主题以新的方式提了出来：知觉和思想不是源自神圣力量的作用，而是通过机体的体液结合。如我们曾说，这种观念必须与当时医学所阐述的机体平衡论相联系。这样看，冷暖的感觉便是建立在机体内部平衡的改变的基础之上，当发烧时，并没有自在的、作为两个分离实体的暖和冷。关于该

9 巴门尼德与凡人的意见

主题,我们可以回顾前面曾考察的巴门尼德引文,引文说,人们假定了实体的分离和对立形式,并赋予其不同名称(例如"暖"和"冷"),但真正的存在者(das wahrhaft Seiende)乃是它们的统一性。因此,把它们分离为孤立的力量是错误的;事实上,正是noein(思想)构成了它们的统一性。从这个意义加以把握,知识与光的关系也就可解释了:有意识的思想(conscious thinking)如同光线,使事物变成为可见的、可以感受的、同一的。而缺乏这种敏锐度则如同黑暗,在它之中根本没有任何东西存在。因此,为什么noein的这一观点意味着朝着真理之路迈进了一步,这一问题就逐渐变得清楚了。"noein"(思想)的统一性和自身性导致了"存在"(being)的自身性、同质性,以及最终的同一性。为了真正地把握所有这一切,我们自然不应该止步于感官知觉的相对性与"思想"的绝对性之间的对立。感官知觉在一定程度上已然是有意识的知觉,故它已然从属于noein。我们通过认识和确认事物的同一性,持续地倾向于观看事物。由于近代心理学的研究,同一性内在于所有感官事物(allen Dingen der Sinnlichkeit),这再也不是什么大新闻。在巴门尼德的教诲诗中,我们遇到了这种观点:存在的恒常性即预示着知觉的相对性。

10
巴门尼德与存在

到现在为止,我们研究了巴门尼德教诲诗的序诗,同时还有第一部分,这部分致力于真理,其表述非常简洁,通过辛普里丘完整地传至我们手里。然后我们转到第二部分,这部分论述的是意见,文字本该更长,但却只有开头几行和一些残篇流传下来。在还没有透彻分析第一部分之前,我就提前细致地研究了教诲诗的第二部分。这种提前乃是经过深思熟虑的。对我而言重要的是,证明序诗中所宣布的任务不仅局限于真理,而且也包含凡人的意见,这其实是贯穿教诲诗的一条线索。此乃我从序诗直接跳到第 8 残篇最后几行诗的原因,这几行诗实现了从对真理的介绍过渡到对凡人意见的评论。我想再次强调它的重要性:女神口中的教诲包含双重主题。其实此乃人类的特征,甚至是人类具有超越性的标志。因为,提问并敞开多种可能性的空间,此乃人之本性。所以,

10 巴门尼德与存在

无论在认知的意志中,还是在共同生存中,真理和谬误的禀赋都属于人类的特性。我们回顾下,在赫西俄德著作中,也就是《神谱》开头,缪斯宣布,他们不仅传授真理,而且也传授谬误。甚至这些慷慨的播种者还玩弄我们的缺陷。总之,既然人类必然要暴露在影响的多样性和迷惑的多样性之下,这就证明非真理乃是知识概念本身所固有的,是知识的不可分割的部分,甚至是知识的构成要素。

从这些反思出发,我试图表明,巴门尼德的教诲诗以伊奥尼亚派的宇宙概念为背景,而伊奥尼亚派的宇宙概念则是神话宇宙论的替代者,尤其是对通过对立者不停地、规则地互相补偿而形成的宇宙秩序的描述,也就是阿那克西曼德在他唯一流传下来的箴言中所进行的描述。相对这些米利都的学说,巴门尼德引入了一项重要革新:他只用一项对立,即光明与黑暗的对立,取代米利都派的热与冷、干与湿等多项不同对立。在这项革新的基础上,巴门尼德超越了伊奥尼亚传统。对他而言,光乃是知识之光。所以教诲诗明确强调,火是不会熄灭的,而是温和的,也就是说它不是猛烈地燃烧,而只是发光。这两类火的区分在巴门尼德之处仍是暗示性的,只有斯多葛派才彻底地把它们明确区分开。

此外,为了支持巴门尼德的超越性理论,我分析了亚里士多德曾引用的第 16 残篇,该残篇依靠机体不同成分之间的关系来讨论 noein。我遵从传统,以"thinking"(思想)来翻译"noein"一词。但这样翻译时我们不应忘记,如果不把握它的本来含义,那么这个词在这里是完全不可能理解的。我重申:noein 指的是人们感觉(das Spüren)有某种东西在那里,正像猎物的气味[①],我们或许也被这个词的词源学所引导。这个词所包含的直接性含义对于教诲诗的整体论证乃是根本性的。如果我们不理解这一点,我们就很难明白巴门尼德关于存在与 noein 不可分离的主张:仅只在"明显"(evidentness)——即最宽泛意义上的"知觉"(perception)——的限度内,才会有某物呈现于"noein"中;仅只在这种限度内,"存在"(being)是在那里。如果用一种学究的表达,可以说这里讨论的是 haecceitas[②] 的问题。我们今天在海德格尔的"存在问题"(being-question)中遇到该问题,但它早在巴门尼德的 noein 中就已经有了,同样在亚

---

① 或 spoor(踪迹):der Witterung。
② "thisness"(个体性)。

里士多德之处也有,亚里士多德把 noein 与"接触"(thinganein)联系在一起,似乎 noein 产生于知觉的直接性,在知觉与被知觉者之间根本就没有任何距离特征。事实上,我们都是先说"他闻"或"他闻某东西",之后慢慢才会以反思的方式说,某鼻子注意到这种或那种气味。一旦语词和概念参与进来,那么这种直接性也就消失了。

总之,我再次回到序诗所宣称的真理之路和意见之路,目的是为证实我先前提出的忠告,这个忠告值得再重复一遍:在巴门尼德那里,我们只能发现复数的 doxai。该词几乎没有使用过单数。甚至当涉及与它近属的表达时,也总是复数(例如 ta dokounta)。① 因此,若断言巴门尼德教诲诗的第二部分是关乎 doxa 的,这实在是一种误导;若此,乃是柏拉图主义,绝非埃利亚主义。doxa 一词只有在柏拉图哲学中才成为概念。正如我们所知,aisthesis(知觉)、doxa(意见)、logos(逻各斯)是柏拉图在《泰阿泰德》中试图用以定义知识的三个概念。

---

① "事物显现"(things that appear)或"事物看起来"(things that seem)。

我们现在回来分析诗歌的第一部分,这部分讨论的是真理的表现,我们从第 2 残篇和第 3 残篇开始,它们的顺序颇有争议。我认为可以连续地阅读它们,并且都可以把它们看作对第 1 残篇,也就是对序诗的详尽阐述。第 2 残篇以宣称两条可设想的研究之途开始:一条路即所谓"存在"(is)存在而"不存在"(non-being)不存在(estin te kai hôs ouk esti mê einai),此乃真理之路,伴随着说服的力量;另一条路即所谓"不存在"(ouk estin)存在,故非存在得以断言,然而这是一条毫无希望之路。①

摆在我们面前的无疑是非常精练而又包含精雕细琢的概念的文本,的确不易解释。给解释者带来困难的是,残篇所体现出的不是两条而是三条路,于是引出第三条路是什么的疑问。这一论断的支持者认为,巴门尼德乃是赫拉克利特的批评者,第三条道路正是赫拉克利特的思想。而第三条道路是在第 6 残篇提到的,并且踏上这条道

---

① 请读者注意,"存在"也可译为"是"或"有"。对这一术语以及整句话的翻译乃是困扰中国学术界的一个老问题,本书译为"存在",只是为了满足译文统一的需要而已,其实译者承认,在许多语境下,译为"是"确实要比译为"存在"更容易理解。——中译注

10 巴门尼德与存在

路的是凡人。但正如我们已经看到的,这里所使用的"brotoi"一词不能理解为某一个体①,也就更不可能是以弗所的那位哲学家。

现在,我们将局限于第 2 残篇提到的两条道路,并且尝试理解为何一条道路通往真理,而另一条道路却没有终点甚而是不通的。我们首先必须知道,"存在"(estin)在这儿就相当于"有"(there is, es gibt),也就是说,它不像在亚里士多德和语法中的系词那样,起着联系主语与谓语的作用。它在这里是我们在"noein"中所知觉到的存在的直接性,此时 legein② 并没有被从感官知觉中分离出去,毋宁说,如我们所试图证明的,我们所思想的内容乃是唯一的直接性,不可能把被知觉者与知觉分离开。有人可能会把它等同于德国唯心论所特有的同一性概念,但这将犯混淆时代的错误,这只可能出现于历史主义时代。在哲学领域,历史主义经常由于误判直接性本身与重构的直接性之间的差异,从而得出矛盾的结论。

第 2 残篇的结尾处说,对"非存在者"(me

---

① 伽达默尔的意思是,因为 brotoi 为复数,所以它指的不是指某一个人。——中译注
② 字面意思是"收集":动词"legô"的不定式,名词"logos"的词根。

eon)(das Nichtseiende)进行表述是不可能的,因为它既不能言说也不能探索。

第3残篇可能由如下文本构成:to gar auto noein estin te kai einai①。阿古斯狄诺·玛尔索纳(Agostino Marsoner)令我相信,第3残篇根本不是巴门尼德的语录,而是出自柏拉图本人的一种表述;我认为这是亚历山大里亚的克莱蒙(Clement of Alexandria)归给巴门尼德的一种表述,我已经对它正确地作了解释。为了解释这条残篇,我们首先必须证明 estin 在这里不作系词功能而是指实存(Existenz),并且,这不仅是在"某物在那里"(something is there)的意义上而言,而且也是在古典希腊所特有的"可能的"(it is possible)、"有力量存在"(it has the power to be)意义上而言。"可能的"(it is possible)自然也就包含"是"(it is)。其次我们必须清楚"同一"(to auto)的含义。由于该词位于文本开头,一般就以为它是重要部分,是主语。相反,在巴门尼德这里,"同一"一直是作谓语,是对某物的述说。诚然,它也是这个句子的重要部分,但它不起主语功能,不是指被述说的某

---

① "因为对于思想与对于存在是同一回事"(伽达默尔反对这种读解;见下。——中译注);要不然,"对于思想与存在是同样的。"

物,而是起对某物进行述说的谓语功能。这个句子中的某物就是"estin noein"与"estin einai"的关系,即"知觉/思想"([is] perceiving/thinking)与"存在"([is] being)的关系。这两者乃是同一的,或者说:这两者被一个不可拆解的统一体联结在一起。(并且,冠词"to"指的不是"einai",而是"auto"。在公元前6世纪,冠词还不习惯置于动词前。在巴门尼德教诲诗中,如果非得表达在德语中以动词不定式置于冠词前面来表达的内容,这属于另一种结构。)我对第3残篇提出的这种解释与海德格尔有些争论。他完全不同意我关于该诗的自明含义的观点。我也能理解海德格尔为什么坚持巴门尼德的主要论题是同一(to auto)。在海德格尔看来,巴门尼德本人已经超越了形而上学的"看"的所有方式,早就提出了后来在西方哲学中被以形而上学术语加以解释的主题,而只有到了海德格尔哲学中,这一主题才得到应有的承认。然而在海德格尔的晚期论文中,他本人也意识到这是一个错误,说巴门尼德早就在一定程度上提出了海德格尔自己的哲学,这是站不住脚的。

我们现在继续阅读第4残篇,把它置于第3残篇之后诚然非常值得怀疑。第4残篇集中于此

112 前未曾尝试的对路径的阐明,这是一条为了解释同一与差异的关系,从而致力于生成与存在论题的思想家所采取的路径。还应该注意,这些概念最先是以"stasis"和"genesis",即"静止"和"起源"等术语,集中出现于《智者》。

我们现在解释残篇 leusse d'homôs apeonta noôi pareonta bebaiôs:我们还必须与努斯(直接的知觉能力)一起,考虑不在场者(因此它对努斯而言是可理解的),我们应该"坚定地"(bebaiôs)、毫不动摇地前进。也就是说,我们不应该把在场者存在和非在场者不存在当作自明事实,毋宁说,我们应该毫不犹豫地确立,在任何情况下,不在场者在一定程度上也是在场的。我强调"bebaiôs",因为教诲诗不断告诫我们,我们总会有偏离真理之路的危险,总会让自己受之前不存在但此刻恰好显现的事物的幻相所迷惑。第7、8残篇对避免这种偏离的必要性作了严密而详细的论证。我们在这里所考察的第 4 残篇,实质上是对教诲诗第一部分所确立的内容的预告。

第 4 残篇继续同样的主题:"存在者不能与同存在者的联系相分离"(ou gar apotmêxei to eno tou eontos echesthai),以及"依事物秩序,存在者既不可能消散,也不可能聚集"(oute skidnamenon pantêi pantôs kata kosmon oute sunistamenon)。从这里所使用的表述可以清楚看出,巴门尼德指的是伊奥尼亚哲学。不过,所谓存在者不能与存在者分离,并非意味着有两种存在者。巴门尼德的字里行间已然排除了这种结论。在这部分,我们第一次碰到了"to eon"[①],这一反复出现在巴门尼德诗中的单数语调,即是芝诺和柏拉图的"一"(to hen)的预言。但确切说还不是一回事。巴门尼德的"to eon"只是近似于"一"这个抽象概念。尽管巴门尼德这里也出现"一",但对他而言,首要且严格的意思是,"一个存在者"(one being, das eine Seiende)就是意指"存在"(being, das Sein)。在他之前,人们说"ta onta",故荷马的作品中说,忒瑞西阿斯知道存在的事物(ta onta)和将来存在的事物(ta proionta)。关于该主题,我们再回忆一下《斐多》中的苏格拉底,他说他一直专注于 peri physeôs historia。最后一个词他使用了"historia",指的是多样化的经验过程。换句话说,此前,存在者的多样性所涉及的乃是宇宙的平衡;但"to eon"则不涉及经验的多样性,不涉及经验的列举,而是涉及其他:没有存在的统一体,所有这一

---

① eimi("to be")的单数形式的未完成式。

切都不可能存在。这自然意味着 to eon 与 tou eontas 不可分;存在者具有坚实性(连续性)和统一性。显然,宇宙乃是作为自身统一性的宇宙,而这种统一性的宇宙同时即意味着存在概念。更确切地说,它还不是概念,而是对事物的多样性所进行的实足抽象。这个单数也可以说标志着概念反思和思辨反思的开端。

第 5 残篇表明,人们从哪里开始都无所谓,因为人们无论如何都要返回同一个位置。显然,这证实了实存的"存在"(existing "being", des seienden "Seins")的同质性和统一性,正如我们所曾见,该主题后面又以新方式得以提出。

第 6 残篇乃是对真理问题以及所谓真理之路的回答。残篇以如下句子开始:chre to legein te noein t'eon emmenai; esti gar einai; mêden d'ouk estin。为了理解这段话的含义,我们先回顾一下我们之前已然澄清了的第二分句中的"esti"的双重含义。该词的意思是"这是"(it is),但严格地说,该词的意思还有"这可能是"(is possible that it is)。它不仅表达存在(Dasein),而且同时还表达存在的可能性。据此可说,第二分句的含义如下:"存在存在(being is),它可能存在;反之,无则不存在,它也不可能存在。"这有助于我们理解第一分句中的"eon"也有存在并且可能存在的双重含义,也就是说:具有存在的能力。最后,我们还需澄清,"to"必定是与"eon"联系在一起的,因为在教诲诗中,"eon"从未单独出现而没有冠词。对第一分句的初步解释如下:"有必要说,无论是语言,还是对存在的能思维的知觉,作为实存(Als das Dasein),都不能与被言说和被知觉的存在结果相分离;存在的体现(Gegenwärtigkeit)正好就是它的知觉。"如此理解,这个分句似乎就是对前面所说内容的确定重复。我们稍后再回来看这种重复意味着什么。

眼下我们先跟随残篇的进程,残篇勉励我们思索这里所宣布的真理,不要忘记它,而后又特意说:人们必须不仅远离无之路,而且还要远离其他路,即凡人踌躇地、趔趄地、总是充满疑惑地蹒跚于之上的路。他们的无能、扎根于心里的无能,把他们引向荒谬的知觉(plakton noon)。这部分涉及有疑问的第三条路,它将补充前面提到的两条。我重复一下,历史主义是通过把所谓第三条路等同于赫拉克利特思想来解决这个问题的,因为在一定程度上,对第三条路的描述与赫拉克利特的箴言非常相近。巴门尼德显然没有预料到19世纪的这些哲学家如此敏锐,竟然能找出文本中根本不存在的东西。事实上,所谓第三条道路无非是对第二条路,即对无之路的描述;踏上这条道路的乃是凡人,我们曾说,诗歌所用的是"brotoi"一词,该词既不可用以形容个体,当然也就不可能指赫拉克利特。毋宁说,这里所指的乃是指普遍的人群。他们步履蹒跚,他们盲目、愚钝(akrita phula),也就是说,他们缺乏判断的能力。他们此时以为存在(pelein)与非存在同一,彼时又以为存在与非存在不同一。他们被这样看待:"他们的道路总是歧途,因为充满矛盾。"(pantôn de palintropos esti keleuthos)。这意味着,凡人关于"存在"(is)和"非存在"(is not)的所有假说都以矛盾而告终;这些假说等于说,我们同时既要思维"存在"(is)又要思维"不存在"(is not)。只有一种肤浅的解释才会主张这类矛盾的描述——如宣称 tauton (同)和 thateron(异)是同一的——表明赫拉克利特的辩证法。在确定性中有时也会有某种自负,正是这种自负使我们坚持这种解释。我们受 19 世纪的杰出的历史研究所推动。然而正如我们所见,不论历史主义何等敏锐,它在某些方面仍是盲目的。我绝不想被人误解我不喜欢历史学家的方法。但这也绝不妨碍哲学乃是不同的某种东西。

第 6 残篇描述了全体人类缺乏正确路向的后

果,通过这种洞察,我认为我们已经向前迈出了关键的一步。人类具有深陷矛盾而又对此毫无意识的特点,因为他们把不在场的东西(what is absent)设想为非存在(non-being),变化之幻觉也由此产生。事物能从无中产生,这是人类理性完全不能接受的。Ex nihilo nihil fit(无不能生有),这是我们在经验世界的取向的最高原则。神的创世在这里首先是通过基督教,或者说其实是通过《旧约》发挥作用,纵使并不理解创世的秘密。而理解最早发生于奥古斯丁,其时他说,"语词"(Word)宣布:"让世界有光!"希腊人能够把神的语词理解为创造性的力量,神的语词在《旧约》中提出创世。

因此第6残篇描绘意见的迷乱,人类在这些意见之间摇摆,他们或多或少缺乏判断,尤其当他们必须找到他们在世上的道路时:"存在,不存在";"有某物,没有某物";"它在那里,它不在那里";"一旦它出现,它即刻就成无"。诸如此类的缺乏判断,当然不是对思辨思维的描述——例如赫拉克利特这类思想家——而是对人类谬误和迷乱以之为基础的潜在矛盾的描述。

在此,我想对第6残篇作一总结性的评论。为了澄清文本结构以及加强论证逻辑,巴门尼德犹如柏拉图,必须求助于文学技巧。重复的方法——残篇开头即是著例——就属于这类技巧。这种方法适用作者对公众进行文本朗诵,而非公众自行阅读。这是我们此时所讨论的前文字文明时代的特征。因此,重复不应当被视作一种偶然而不予以考虑。它属于我们所谓"记忆术"(mnemonic technique),事实上它既属于吟诵者也属于聆听者。由此可见,即便从文学观点看,巴门尼德的文本也绝不过时,相反它是一件异常流利的作品——通过"重复"。

现在我们想前行到第7残篇和第8残篇,它们一起组成了一份有内在联系的文本。它在这里说"不要被迫主张非存在者(das Nichtseiende)存在"(ou gar mêpote touto damêi; einai mê eonta),下文接着说,不要让强力迫使我们踏上这条路,也就说"不要用游离的目光来看"(noman askopon omma)。这后一种表达极具文学价值。眼睛热切地("noman"表示"达到某目标的动机")游离,而且它还游离、环顾(angepeilten)事物的整体,然而它又是盲目的、看不见的(askopon),因为它不能把握任何存在物。这个比喻非常精彩,并且还从眼睛的比喻延伸到充满轰鸣声的耳朵(êchêessan akouên)以及舌头(kai glôssan)。(我们不应该从味觉意义上来理解这里的舌头,盲之眼以及由于轰鸣而丧失听力之耳同样如此。)它建议不要信任表象,而是必须"用理性"(logôi)来进行判断。我认为,"logôi"一词在这里没有任何概念性质的含义。我没有更深的研究,但我推测"krinai logôi"与教诲诗中的许多其他表达一样,乃是源自游吟诗,可以想象,当时的哲学家很乐意采用一切有助于传授自己学说的表达方式。出于这种理由,我们经常可以在文本中看到与荷马一致之处。

第8残篇继续论证:monos d'eti mythos hodoio leipetai hôs estin。(我们注意到,相对神话故事,"mythos"在这里更接近"logos";"mythos"意味着我所能够叙述的全部,显然是指范围更广泛的故事。)剩下的便只有一条路,在这条路上有许多标记——海德格尔所谓"路标"(Wegmarken, pathmarks)——指向目的地并且防止迷路。在海德格尔那里,"路标"(Wegzeichen)无疑是指有明确方向、朝着某一目标的道路上的一连串进程。在巴门尼德这里,这一术语也有同样含义,我们在这种语境下思考"babaiôs"一词,思考"极力主张",巴门尼德用该词以强调,不在场者(what is absent)同时也是在场的(present),以及没有任何不存在的存在(non-existing being, Nichtseiende)。

对存在者存在、不存在者不存在(das Nichtseiende)的重复强调,标明了方向,思维者受女神的教诲所引导而朝此方向。

于是便有许多标明"无"不可能存在的记号。首先是：hôs aganêton eon kai anôlethron estin,这句话经常被理解为存在者没有生也没有灭。但这不是原文的意思,因为原文用的不是"to eon",而是不加冠词的"eon"。这证实了我的观点,这句话说的就是：因为它存在,它没有生也没有灭。

文本继续："它是整体,既不运动也没有目标"(esti gar oulomeles te kai atremes êd'ateleston)。本句诗因"oulomeles"的变形而有趣。我们发现也有用"mounogenes"①来代替它的,比如在辛普里丘的著作中。不过我认为,该词直接跟在"agenêton"②之后,多少有点意外,倘"mounogenes"一词有问题,那尤其因为它是一个带有基督教忏悔特征的词。因此这个词更可能出自后世的抄写者之手而非巴门尼德的文本。"oulomeles"大概指的是"完整的肢体",这种说法使我们联想起生命有机体,因此这个比喻经常作为模型,

---

① 独一无二的、唯一的。
② 后世的、未创造的。

用以描述宇宙(当然不是就其多样性而言,而是作为"一"),宇宙维系自己的生命,就其本身而言,无所或缺,也就是说,宇宙是一个巨大的、唯一的生命有机体。巴门尼德用"oulomeles"一词,显然指宇宙是一,宇宙自身在自身之内容纳一切。

我们再往下读:"它既不可能过去存在,也不可能将来存在"(oude pot'ên oud'estai),"因为它现在作为整体的宇宙而存在"(epei nun estin homou pan)。我们应注意这里的单数"pan"。贺伯特·博德(Heribert Boeder)曾指出,在前苏格拉底哲学中,首先是用复数"ta panta"来表达"存在"(being, Sein),此外在荷马之处也可见"ta onta"的表达。因此这里使用单数是为了表示特别强调:"一切是一";并且文本接着说:"一而又毫无间隙"(hen suneches)。这是文本唯一明确称呼"一"(oneness, Einssein)的段落;后来芝诺由此发展出一与多的辩证法,并产生了埃利亚派的统一性的学说。

正是在这一段落,论证开始涉及先前曾提到的存在者的特性,首先,存在者不可能被产生:tina gar gennan dizêseai auto; pêi pothen auxêthen——"如何可能确定它的起源;它如何可能成长?"我认为圭多·卡罗杰罗(Guido Calogero)的看法是正确的——包括他反驳卡尔·莱因哈特(Karl Reinhardt)在这里提出的不恰当证据——在论述埃利亚主义的著作中,尤其在论述麦里梭(Melissus)那一章的一条评论中,他解释巴门尼德在这个段落的论证排除了两件事情:产生(generation)和成长(growth)。产生显然包含"非存在"(non-being, Nichtsein),因为现在产生意味着以前并不存在。而这也就意味着排除了如下事实:非存在者能够被意想和被表达。另外,成长还会导致起源(genesis)和变化(becoming)的矛盾,因为现在存在即意味着之前并不如此存在。总之,变化和成长显然都包含 mê eon①。于是下面的论证过程就清楚了。我们既不能言说也不能思想(noein)从无生有。这一点将进一步解释。

从这个论证得出的结论位于第 15 行和第 16 行:hê de krisis peri toutôn en tôid'estin; estin hê ouk estin——"关于这些东西的抉择是:要么它存在,要么它不存在。"一切都将由此而定。"非存在者"之路是行不通的。在这部分,我们注意到一个重复,这个重复依据以前表明的原则,强调一个思想阶段的结束和另一个新的思想阶段的开始,也

---

① not being(非存在)。

就是一类"时期"(period)或者"新段落"(new paragraph)的开始。

新阶段主张存在者不能分割,它是浓密的(连续的)、同质的、不动的。当然,不动的主张引出了大问题,可以说这是最重要的挑战。柏拉图也讨论运动——事实上他在《泰阿泰德》中就这样做的——不过他区别了两种不同形式的运动:位置的变动和属性的变迁、变化。而巴门尼德则没有这种区分,对这两种形式,他采用诗意的比喻,表明了它们的同一性:必然性已经把存在牢牢地固定在了锁链上,它不可能移动它自身。这一思想影响了作为物理学家的亚里士多德,使他不甚留心巴门尼德的学说;同样它也影响了作为数学家的柏拉图,但柏拉图却在埃利亚的概念模式中发现了诸理念的不变性。存在没有外部目标:esti gar ouk epideues,它一无所缺,倘若缺少某样——mê eon d'an pantos edeito——则将缺少一切(第33行)。

我们在这部分遇到了一个新鲜的、明断的重复。作为前书写文化的代表,巴门尼德以重复形式来组织他的论说,并尤其强调这种思想的特殊重要性,因而使之具有力量。这种思想如下:

tauton d'esti noein te kai houneken esti noêma;
ou gar aneu tou eontos, en hoi pephatismenon estin,
heurêseis to noein.

引文的第一部分(tauton……noêma)提醒我们注意可疑的第3残篇。当然,"tauton"在这里是一个同时述说"esti noein"和"esti noêma"的谓语。(关于这点,我们必须说明,"noêma"与后来在亚里士多德之处的含义并不相同。它在这里乃与"noêsis"同义。它是被感觉到的东西、被触摸到的东西,绝不能与感觉和触觉分离。如我们所曾说,重要的东西乃在于这种不加区分之中。)显现于思想之中的存在已然包含了存在:esti noêma,"noêma存在。"再者,引文的第二部分(ou gar……to noein)说:"思想在存在者中得以表达,若没有存在者,思想就不可能被发现。"这对近代哲学而言并不是很好理解。因此我们以如下方式理解它:"存在不可能存在于被表达物之中,而必定存在于存在自身之中。"至多,存在可能内在于思想之中,这似乎就是巴门尼德所要说的。赫尔曼·弗兰克尔(Hermann Fränkel)也持此观点——存在不存在于被表达物之中,而存在于思想之中。但所有这些都是现代主义所歪曲的结果,以致读出了巴门尼德根本没有的许多东西:主体性、自我意识、黑格尔思想和思辨唯心论、认识论以及主客体之分。于是我们便幻想巴门尼德已经认识到了思想的自反性所具有的超越性。但非常遗憾,这在巴门尼德文本中纯属子虚乌有。在他的文本中,问题乃在于进行自我表达的存在,亦即存在之展现;知觉乃是某种突然发生的东西。

依据没有知觉便没有存在的自我表达,可以推出另一个重要思想:既然没有非存在,那么存在之外便是无,因为从现在开始,整全乃是不运动的。命运(Moira)牢牢锁住了它,以便它是"一"(我们在这里又再次看到"oulon",即"全体"的表述)而且不运动。如果人类主张生成、起源和消逝、存在和非存在、运动,甚至最终还有明亮色彩的不断改变:dia te chroa phanon ameibein,凡此种种皆是错误的。这是一幅非常漂亮的图景,我愿为了它,滞留于对巴门尼德教诲诗的分析的终点处。这里所关乎的乃是对一个事实的影射:人类实际上被他们往来于存在与非存在之间的体验给耗尽了。这是对万事万物的短暂和徒劳特征的影射。色彩褪去并消逝。即便在英语中①我们也可

---

① 法译本为"在德语中"。——中译注

以说褪色,再也不像原先那么浓烈鲜艳。这种褪色不能实际观察到,我们只能在时间中的某个特定点察觉色彩已经变得苍白,没有任何存在能够看见色彩是何时以及怎样开始变淡的。时间逝去,色彩也褪去……此乃这幅图景之后的情绪,诗人的目标无疑正在于此。他想唤起凡人对万物转瞬即逝的焦虑意识的体验,对万物有生即有死的焦虑意识的体验。然而,女神比凡人更清楚这一点。

在抵达这系列演讲的终点时,我想再次对我们的起点作一番回顾,并补充某些带有普遍性的思考。

我们首先经由柏拉图和亚里士多德的文本,使前苏格拉底哲学切近我们。我认为有必要采取这种途径,以便逐渐把箴言引入讨论。这类箴言大多还不是概念性质的,不过它正朝这个方向前行。我们发现,这类箴言想传达的乃是一幅我们所谓宇宙的图景。我们现在可以合适地用"宇宙"(universe)一词来指称前苏格拉底哲学了。我们知道,这个词一方面只是一种预期,因为米利都哲学还没有真正实现对事物整体的概念性的统一,从而把它们视作"一";但另一方面,这也不妨碍他们的哲学是与思想后来所采取的方向一致的。他们探索世界的统一性,但还没有产生概念。我诚然不能完全肯定"宇宙"一词出现于何时,自然也就无法肯定它所对应的希腊词"cosmos"出现于何时,或许出现于卢克莱修(Lucretius)之处。至少在他这里有一个含义非常丰富的拉丁语,因为它有助于解释关于一个世界的探索。

现在让我们来看对前苏格拉底哲学的这些解释所持的(历史学的)立场。我不想在这里重复发表于《哲学史问题》(*Questioni di storiografia filosofica*)的拙文;因此我仅限于指出,对前苏格拉底哲学的兴趣始自浪漫主义。当然,有一些综合性的手册还要更早些——在 18 世纪——例如约翰·雅可布·布鲁克(Johann Jakob Brucker)的著作提供了关于古代作品的丰富材料,这些材料通过法布里修斯(Fabricius)或斯特方(Stephanus)的努力而被收集到一起。这些材料无非是对古代学述(doxography)的重复,没有任何历史撰述的(historiographical)野心;与古代学述一样,它只是对各种观点进行分类。不过,我们已经在我们的探索过程中看到了这种盲目的学述有可能多么的荒谬。我想在这里再引一例:巴门尼德在第 8 残篇第 42 行说宇宙是 tetelesmenon,

指的是宇宙在它自身之内是完全的,它即是整全,自身之外别无他物。这种观点后被麦里梭表达为"apeiron"。另一方面,泰奥弗拉斯托斯则十分惊讶地"发现"巴门尼德说宇宙是 tetelesmenon,指的是"有限"①,而麦里梭宣称支持无限的宇宙,支持 apeiron。所有这些全都是错误的。正如我们在讨论阿那克西曼德时所曾见,"apeiron"既可指无限,也可指类似于戴在手指上的某种圆环,即包含自身并返回自身的某种东西。就此而言,麦里梭与巴门尼德之间并没有任何差异。令人遗憾的是,泰奥弗拉斯托斯这位学究却盲目地应用了 apeiron 这个概念。

我们在 18 世纪仍然可见这类解释。就该词的独有含义而言的、真正意义上的历史撰述(historiography, Historiographie)只有到了 19 世纪才出现,这种历史书写(Geschichtsschreibung)与学述传统有别。有趣的是,正如我们所见,无论历史撰述多么敏锐,多么博学,对原材料的研究多么深

---

① "有限"的英译为 finite,法译为 fini。但请读者注意,法译除"有限"外,还兼有"完善"之意,相通于希腊文 tetelesmenon,如果把这个词理解为"完善",而不是理解为"有限",则伽达默尔对泰奥弗拉斯托斯的指责似可商榷。——中译注

入，但即便在处理最基本的论题时，历史撰述仍难免犯幼稚的时代错误（anachronism）。我敬佩19世纪的大语文学家，敬佩他们对研究方法运用自如，敬佩他们具有广博教养。但如果一个人能在自己专业知识的影响下看待事物，而且在这样做时，绝不闭目塞听，这也可算是一种上等创造力的表现。

这真正体现在黑格尔那里，他在《逻辑学》开篇着手处理传统意义上的存在（being）、无（nothing）、生成（becoming），这是由康德和费希特的范畴学说所确立的传统。或许海德格尔在这点上是对的，他说，归根结蒂，这个无不是真正的无，而且生成也已经包含于存在和无的概念中了。存在被"设定"（posited）为无限者。我们知道，在海德堡的就职演说《什么是形而上学？》中，海德格尔（同他在《存在与时间》中一样）恰好把注意力集中于这一点——无就像存在的面纱：无不像任何存在者（anything that is, etwas Seiendem）而像存在（being），无就像面纱一样遮住了存在物（existing things, seienden Dinge）本身的多样性。海德格尔在这里显然感觉自己接近于巴门尼德。巴门尼德同样也超越了存在物的多样性而把 to eon（being[存在]）置于开端。因此 to eon 表达了海德格尔的"本体论差异"(ontological difference)。不过我们已经滥用了这一表述,使它变得莫名其妙了。"本体论差异"——我还清楚记得,年轻的海德格尔在马堡是怎样通过区分存在(being)与存在者(beings),即区分 ousia 与 on 而提出"本体论差异"这个概念的。一天,我和格哈德·克吕格尔(Gerhard Krüger)陪同海德格尔回家,我们两个当中的一个就问,这种本体论差异的含义是什么、怎样做这种区分、何时要做这种区分。我永远不会忘记海德格尔的回答:"做?本体论差异是要做的东西吗?此乃误解。"这种差异并不是哲学家的头脑所引入来划分存在与存在者的。通过对巴门尼德教诲诗的读解,我相信我们已经证明了海德格尔在这件事上是对的。本体论差异本来如此,不是我们人为所引入的,而是它自己所显示的。实事求是地说,在教诲诗中,在存在者及其整体与存在之间,有一种往复运动。当时还没有本体论差异之名,但它在一定程度上已经发挥作用了。这是海德格尔——正如他之前的柏拉图——尤其重视老巴门尼德的理由之一。正如我们所曾指出的,海德格尔希望并力求证明巴门尼德已经揣度到了这一差异,这一差异不是"做"的,而是自然发生的。所以他竭力朝着这个方向进行解释,在解释的过程中他对待文本的态度未免有些粗暴。例如涉及序诗中不可动摇的真理中心和凡人意见的相关讨论时,海德格尔试图证明这背后潜藏的乃是那个大难题,即"自我区分"(self-differentiation)的奇迹。倘把"一"(One)理解为标准,那它与区分的能力有什么关系? 这在《旧约》所叙述的创世说中已经作了假设,因为各种各样的实存事物是彼此分离的,在我们进行知觉时也同样如此。海德格尔试图从埃利亚哲学以及赫拉克利特哲学中找出所有这一切,以便以非常接近尼采的方式而宣称:希腊古典时代的第一批哲学家已经超越了形而上学,西方思想的那出大戏,即跌落于形而上学的深渊,这在前苏格拉底哲学之处压根就不存在。不过海德格尔后来意识到,当时西方已开辟了道路[①];关于这一点,我想回顾一下我在这系列演讲开始时所曾说的话:即便史诗,也已经远离了原始神话,从而体现为一种彻底有别于神的宗教宣言之类的东西。荷马和赫西俄德更像是启蒙知识分子和大心理学家。以《伊利亚特》的开篇场景为例,阿伽门农拒绝归还阿基琉斯的奴隶,阿基琉斯非常愤怒,握紧他的宝剑就要……雅典娜的

---

① 即,朝着形而上学深渊跌落。

面庞突然显现于阿伽门农身后。在此关键时刻，阿基琉斯控制住了自己，重新把剑入鞘。此处出现了双重情节：既有雅典娜抑制阿基琉斯，也有阿基琉斯的自制；既涉及神的力量，而真正的内在性也发挥作用。当然诗中还没有这种表达，不过它已经体现于荷马诗中，并透露给我们一些东西。这个例子足以说明诗歌的伟大，同时也说明如下事实：纵然时空距离再大，我们仍可在神的世界图景中认识我们自己，比如在奥林波斯山的众神图景中，或者在赫西俄德所描述的众神之间的纠纷图景中。

末了，我还想再对海德格尔作一点评论。在我看来，他把黑格尔置于形而上学史的终端。在某种程度上，黑格尔的合题是不能越过的。从19世纪哲学所达到的概念水平往下跌落，这始自世纪末最天才的一位思想家——尼采。无疑，从许多方面看，尼采就像一个对近代哲学知之甚少的业余爱好者，一个甚至不阅读康德而仅只阅读库诺·费舍(Kuno Fischer)的人。一个还有生命力的传统崩溃，以及它在作为一连串哲学体系的哲学史当中的变化，这绝对是很有特点的。在19世纪，包括20世纪初亦然，体系乃是哲学的必要条件，这被视作是一种"荣誉"(point d'honneur)。无论如何我们都可以看出海德格尔是多么具有革命精神的一位思想家,他说形而上学已经发生了变化,从西方文明的共同地平线变成了一种新形而上学,一种以"存在之遗忘"(the forgetfulness of being)为特征的形而上学,他根据技术对人类一切文明领域的统治来描述这种形而上学,这不仅发生在欧洲,而且发生在全世界。海德格尔看待事物的新视野为我们打开了思想的新可能性,同时还打开了哲学的传统文本——以及艺术的言语——言说它们自身的可能性。似乎从他这里产生了一种新氛围。诚然,要走进这种新氛围,并在其中找到自己的道路,这实属不易。所以我经常说:正如柏拉图不是柏拉图主义者,海德格尔也不可能为海德格尔式的思想负责。

索 引[*]

Academy, Plato's, 柏拉图的学园, 40, 54, 75
Alphabetic writing, introduction of, 字母文字介绍, 14—15
anamnesis(希腊语:记忆、回忆), 29, 44
Anaxagoras, 阿那克萨戈拉(公元前 499—前 422, 前苏格拉底哲学家), 15, 51—52, 76—78
Anaximender, 阿那克西曼德(公元前 610—前 547, 前苏格拉底哲学家), 35, 38, 76—78, 80, 85—92, 100—102, 104, 108, 122
Anaximenes, 阿那克西美尼(公元前 588—前 524, 前苏格拉底哲学家), 35, 76—77, 80, 85, 87—90
Anfang(德语:开端), 4, 8, 13
anima(拉丁语:灵魂), 37, 47, 57, 96
Atiphon, 安提丰(公元前 480—前 411, 希腊智者), 81
Apollodorus, 阿波罗多洛(公元前 2 世纪, 雅典学者), 35
archê(希腊语:开端), 12, 86, 88
Archimedes, 阿基米德(公元前 267—前 212, 希腊数学家), 24
Aristotle, 亚里士多德(公元前 384—前 322, 希腊哲学

---

[*] 所标页码为英译本页码,即中文本边码。——中译注

家),7,10,13,16,24—27,32—36,44,47—48,53—55,57,63,65,68—69,71—86,88,90,94,96,99,104,108—110,119—121

Asia Minor,小亚细亚,9,90

astronomy,天文学,39,73

Athens,雅典,39,47,63

Atomists,(原子论,跟德谟克利特相关的希腊哲学学派),40

bebaiôs,(希腊语:坚固的、稳定的),112,117

Being and Time,《存在与时间》(海德格尔著),70,123

Berlinhistorical school,柏林历史学派,12

biology,生物学,39,45,73,78,105

Boeder, Heribert,贺伯特·博德,118

Brucker, Johann Jakob,约翰·雅可布·布鲁克(1696—1770,德国哲学家),122

Buddhism,佛教,87,89

Burnet, John,约翰·伯奈特(1863—1928,英国哲学家),79

Calogero, Guido,圭多·卡罗杰罗(1904—,意大利当代哲学家),118

Cebes,格贝(柏拉图《斐多》中的人物),39,44—45,50

Christianity,基督教,12,26,37,73,92,115,117

Church Fathers,基督教父(早期基督教作者),33

Clement of Alexandria,亚历山大里亚的克莱蒙(150—215,基督教诺斯替哲学家),111

Cohen, Hermann,赫尔曼·科恩(1842—1918,德国哲学家),25

Confessions,《忏悔录》(奥古斯丁著),92,117

Copenhagen school,哥本哈根学派,27

copula,系动词("to be"的应用),14,110—111

cosmogony,宇宙进化论,52,77—78,87—89,92,108

cosmos,宇宙,44,52,63,76,89,100,121;cosmology,宇宙论,52,78,81,103

craftsperson,工匠,43,73—75,81,84—85

Creation, the,创世者,52,73—74,92,115,124

Critique of Pure Reason,《纯粹理性批判》(康德著),52

cultural development,文化发展,9

culture,文化,9—12,16,20—21,28,31,39,46,69,77,92,96,98,116,119,125

De anima,《灵魂论》(亚里士多德著),47,57,96

death,死亡,10,13,37,39—45,55—57,59

demiurge,德穆革(巨匠),73,84

Democritus,德谟克利特(公元前460?—前370?,希腊宇宙原子论哲学家),24,65,89

Descartes, René,热内·笛卡尔(1596—1650,法国哲学家),20,30

dialectic,辩证法,11—13,26,28,43,47—48,52,57—58,64,66,68,74,84,94,115,118

Dies, Hermann,第尔斯·赫尔曼(1848—1922,德国哲学家),33—34,77,91,95—97

Dilthey, Wilhelm,威廉·狄尔泰(1833—1911,德国哲学家),16,19,22—24,28,30,77

Diogène d'Apollonie,阿波洛尼亚的第欧根尼(Laks),79

Diogenes Laertius,第欧根尼·拉尔修(3世纪的希腊传记作家),7,72

Diogenes of Apollonia,阿波洛尼亚的第欧根尼(公元前5世纪的希腊哲学家),78,85,89

Dionysus, cult of,狄奥尼修斯崇拜,38

Dirlmeier, Franz,弗朗兹·狄尔迈尔(1904—,德国哲学家),87

Discours de la method,《谈谈方法》(笛卡尔著),30

doxa(希腊语:意见),62,98—99,109
doxai brotôn(希腊语:凡人的意见),95,100
doxography,学述,47,62,72,79—80,85,88,122
dynamis(希腊语:产生影响的力量),65,84—85

Echecrates,伊奇(柏拉图《斐多》中的人物),45
eidos(希腊语:理念,能被看见的),12,54
Elea,埃利亚(古代希腊城市,位于今天意大利南部),22,63—64
Eleatic,埃利亚派(埃利亚城的哲学学派,以巴门尼德和芝诺为代表),40,56,63—64,72,75—77,84,90—91,93—94,98,109,118—119,124
Empedocles,恩培多克勒(公元前5世纪,希腊哲学家,创立四根说),34,38,61,64,76,89
Encyclopedia,《哲学全书》(黑格尔著),69
Enlightenment,启蒙(18世纪的哲学/文化运动),15
Ephesus,以弗所(小亚细亚的古代希腊城市,位于今天土耳其;赫拉克利特的故乡),9,22,95,110
epic literature,史诗文学,13,15
epic poetry,史诗,90,95,105,124
Epicharmus,埃庇卡摩斯(公元前450年,希腊诗人),61
epistemology,认识论(关于知识的研究),22,30,53,120
Euclid,欧几里德(公元前3世纪,希腊数学家),24
evolution, theory of,进化论,29,39
existence,存在,14,30,42,45,51,75,103,111,113—114
experience,体验,16—18,23,25,28—29,40,42,44,46,50,53—54,56—57,65,98—99,113,115,120
Fabricius, Johann Albert,约翰·阿尔伯特·法布里修斯(1668—1736,德国路德会教友学者),122
Fichte, Johann Gottlieb,约翰·戈特利布·费希特(1762—1814,德国观念论哲学家),43,123
fire,火,41,55—56,102—104,108

Fischer, Kuno, 库诺·费舍（1824—1907, 德国哲学家）, 125

Foucault, Michel, 米歇尔·福柯（1926—1984, 当代法国哲学家）, 17

Frank, Erich, 埃里克·弗兰克（1883—1949, 德国哲学家）, 48

Fränkel, Hermann, 赫尔曼·弗兰克尔（1888—？, 德国哲学家）, 120

freedom, 自由, 26—27

Gaiser, Konrad, 康拉德·盖泽（当代德国哲学家）, 11

Galelei, Galileo, 伽利略（1564—1642, 意大利天文学家）, 24

geometry, 几何学, 66

German idealism, 德国唯心主义, 57, 110

German poetry, 德语诗, 14

Gomperz, Theodor, 忒奥多·龚珀茨（1832—1912, 德国哲学家）, 77

Göttingen, university of, 哥廷根大学, 10

Greek culture, 希腊文化, 9, 20, 98

Greek gods, 希腊神, 35, 90, 122

Greek philosophers, The,《希腊哲学家》（伯奈特著）, 79

Greek poetry, 希腊诗, 14, 93

harmony, 和谐, 23, 44—45, 53, 88

Hartmann, Nicolai, 尼古拉·哈特曼（1882—1950, 德国哲学家）, 27—28

heavenly bodies, 天体, 73—74, 76, 103—104

Hegel, Georg Wilhelm Friedrich, 格奥尔格·威廉·弗里德里希·黑格尔（1770—1831, 德国哲学家）, 7, 10—12, 18—22, 26, 35, 43, 46, 67—69, 103, 120, 122, 125

Hegelian, Hegelianism, 黑格尔式的、黑格尔主义, 10—

11,19,21—22,25,35,46,57,66—67,69,93,103

Heidegger, Martin,马丁·海德格尔(1889—1976,德国哲学家),7,13,80,86—88,109,111,117,123—125

Heidelberg, university of,海德堡大学,7—9

Hellenism,希腊化(在公元前4世纪的亚历山大之后的希腊文化和希腊思想的传播),24,73

Heracleides Ponticus,赫拉克莱蒂·彭提克斯(公元前390—322,希腊哲学家和天文学家),39

Heraclitus,赫拉克利特(公元前540—前475,出生于以弗所的希腊哲学家),21,25,34—35,61,64,93,95,110,114—115,124

hermeneutics,释义学(关于解释的理论),19,21,29,46,102

Herodotus,希罗多德(公元前5世纪,希腊史学家),36

Hesiod,赫西俄德(公元前8世纪,希腊诗人),13,36,63,65,93—94,96,107,124

historicism,历史主义,7,10,15—16,21—22,24,93,95,110,114—115

historiography,历史撰述,12,22,35—36,77,122

history of philosophy,哲学史,10—11,19—21,25,58,125

Homer,荷马(公元前850,希腊史诗诗人),7,10,13,15,36—38,55,61,63,93—95,113,116,118,124

Human science,人文科学,16,23—24,29—31

Husserl, Edmund,艾德蒙德·胡塞尔(1859—1938,德国哲学家),70

hyle(希腊语:物质;源自木头、森林),8,65,79,81,83

Idea,理念(柏拉图的概念),11,17,20,36,38—41,43,45,48,52—56,58,67—68,77,85,87—89,99,104—105,1111

Idea of the Good in Platonic and Aristotelian Philoso-

phy, *The*,《柏拉图和亚里士多德哲学中的善的理念》(伽达默尔著),48

Idealism,唯心主义,35,57,68,110,120

Iliad,《伊利亚特》(荷马著),98,124

immortality of the soul,灵魂不朽,41—45,47,55—56,58—59

incipience,开始,17,38

indeterminacy,无定,18

Introduction to the Human Sciences,《人文科学导论》(狄尔泰著),16,24

Ionia,伊奥尼亚(爱琴海沿岸的小亚细亚的古希腊地区),64,83,85,87,93,101—105,108,112

Jaeger, Werner,瓦纳尔·耶格尔(1888—1961,德国哲学家),36,86—87,89

Joël, Karl,卡尔·乔伊(1864—1934,德国哲学家),96

Kant, Immanuel,伊曼努尔·康德(1724—1804,德国哲学家),11,22,27,41,43,52,123,125

Karsten, Simon,西蒙·卡斯腾(1802—1864,德国哲学家),97

Kierkegaard, SΦren,索伦·克尔凯郭尔(1813—1855,丹麦哲学家),67

Krämer, Hans-Joachim,汉斯-约阿希姆·克莱默(1929—,德国哲学家),11

Krüger, Gerhard,格哈德·克吕格(1902—1972,德国哲学家),123

Laks, Andre,安德雷·拉克斯(当代法国哲学家),79

language,语言,7—8,10,13—15,21,25,29,34,42,46,53,58,62,89,121,125

Letures on the History of Philosophy,《哲学史讲演录》

(黑格尔著),10

Leibniz, Gottfried Wilhelm,戈特弗里德·威廉·莱布尼茨(1646—1766,德国哲学家),27,44

logos(希腊语:语词、讲述),11—12,17,35—36,46,53,55,60,62,72—73,94,109—110,117

Luther, Martin,马丁·路德(1483—1546,德国宗教改革家),26,92

Lysis,《吕西斯》(柏拉图著),47—48

manotês(希腊语:稀释、稀散),76

Marburg, university of,马堡大学,13,123

mathematics,数学,25,39,41,48,54,56—57,60,66,73

matter, theory of,物质论,25,30,65,73—74,80—82,116,123

mê on(希腊语:非存在、无),84

Meister Eckhart,艾克哈特大师(1260—1327,德国神学家、神秘主义者),58

Melissu,麦里梭(公元前5世纪的希腊哲学家),118,122

memory,记忆,29,37—38,50,98

Meno,《美诺》(柏拉图著),41

Metaphysics,《形而上学》(亚里士多德著),16,35,47,69,72,75,78—79,84—85,104

method,方法,30—31;methodology,方法论,10,22

Middle Ages,中世纪,24,96

Milesian school,米利都学派,35,72,78,88,98,100,102,108,121

Miletus,米利都(小亚细亚的古代希腊城市,如今位于土耳其),9,35,80,90

Mill, John Stuart,约翰·斯图尔特·密尔(1806—1873,英国功利主义哲学家),30

modern science,近代科学,15,28,57,69—70,82

Mondolfo, Rodolfo,鲁道夫·蒙多尔福(当代意大利哲学

家),21
moral question,道德问题,28
music,音乐,23
mythos(希腊语:神话、故事),17,35—36,88,90,117
myths,神话,16,38,47,64,73—74,78—80,88,108

National Socialism,国家社会主义,24
natural science,自然科学,22—23,27—31
nature,自然,8,12,16,26,29,31,34,42—45,50,53,71,73—77,79,81—82,84,92,97,99,101,121
Neoplatonism,新柏拉图主义,54
neuter gender, use of,中性用法,14
Nietzsche, Friedrich Wilhelm,弗里德里希·威廉·尼采(1844—1900,德国哲学家),7,14,37—38,46,86,96,101,124—125

Nomoi(柏拉图《法律篇》),66—67
momos(希腊语:法律、习俗),34,74
non-being,非存在,19,95—96,109,114—115,120
non-existence,非存在,30
nous(希腊语:心智),19,51—52,57,66,83—84,91,103,105,112
numbers,数,38,54,56,64,72—74

objectivity,对象性,30—31
Old Testament,旧约,73,115,124
ontology,本体论(存在哲学),14,43,51,54,65,68—69,85,123
opinion,意见,12,14,50,61—62,85,95,98,102,104,115,118,120,125
Orphic rites,俄尔甫斯崇拜,38

Paideia,《教化》(耶格尔著),36

Paris, university of,巴黎大学,10

Parmenides,巴门尼德(公元前 515—前 450,希腊哲学的埃利亚学派的创立者),14,21,25,35,38,58,61,63,67—68,75—76,79,91—99,101,103—112,114,116—120,122—123

Peripatetics,漫步学派(亚里士多德所创立的希腊哲学学派),33

Phaedo,《斐多》(柏拉图著),34,36—42,45,50,56—57.59—61,66,68,71—73,85,91,113

phenomenlogy,现象学(对人类经验中的现象所进行的哲学研究),11,28,57,68,80

Phenomenlogy of spirit,《精神现象学》(黑格尔著),11

Philebus,《斐勒布》(柏拉图著),56,83

Philolaos,菲洛劳斯(生于公元前 470,希腊哲学家),39

Philosophical Investigations,《哲学研究》(维特根斯坦著),61

Philosophy in the Tragic Age of the Greeks,《希腊悲剧时代的哲学》(尼采著),86

Physics,《物理学》(亚里士多德著),13,34—35,47,53,55,72—73,75—76,80—86,90,96

physis(希腊语:自然、存在),8,34—35,44,74—75,81,84—85,90,105

Plato,柏拉图(公元前 428—348,希腊哲学家),7,10—12,14—15,24,32—34,36—45,47—49,51,53—59,61,63—68,71—76,79—81,83—85,92,94,96,109—110,112,116,119,121,123,125

Plato and the so-called Pythagoreans,《柏拉图与所谓毕达哥拉斯学派》(弗兰克著),39

Platonic dialogue,柏拉图对话,49

Platonic, Platonism,柏拉图的、柏拉图主义,10—12,15,29,32,34,48—50,52,56,58,62,67—68,73—74,

82,94,99,109,125

Popper, Karl,卡尔·波普尔(1902—,英国科学哲学家),24—26

Presocratics,前苏格拉底,7,9—13,17—18,20,22—23,25,32—36,38—40,44,56,62,64—65,72,79,82,94—95,118,121,124

principium(拉丁语:开端),12—13,15,18,29,71—72

Problemgeschichete(德语:问题史),20,25

Protagoras,普罗泰戈拉(公元前 490—410,希腊智者),61

Pseudo-Dionysius,伪狄奥尼修斯(未知名的新柏拉图主义者、神秘论著的作者,约公元后 500),67

psyche(希腊语:灵魂,心灵),41,58

puknotês(希腊语:密集),76

purification,净化,38,41

purity rituals,净化仪式,41

Pythagoras,毕达哥拉斯,38,90,93

Pythagoreans,毕达哥拉斯的,39,44,54,56,65,76,84—84

quantum mechanics,量子力学,28

quantum theory,量子论,27

reincarnation,转世,38,45

Reinhardt, Karl,卡尔·莱因哈特(当代德国哲学家),14,118

repetition, theme of,重复的论题,97,100,114,116—117,119,122

Republic,《理想国》(柏拉图著),48

rhapsode,史诗吟诵者,36,63,90—91,96,116

rhetoric,修辞学,26,43,74

Robin, Léon,莱昂·罗班(1866—1947,法国哲学家),12

Romanticism,浪漫主义(18世纪末期的哲学和文化运动),10,12,20,121

Sartre, Jean-Paul,让-保罗·萨特(1905—1980,法国存在主义哲学家),31

Scheler, Max,马克斯·舍勒(1874—1928,德国现象学家),27—28

Schleiermacher, Friedrich,弗里德里希·施莱尔马赫(1768—1834,德国神学家),10—12,16,20,22

Schopenhauer, Arthur,亚瑟·叔本华(1788—1860,德国哲学家),86—87,101

Science of Logic,《逻辑学》(黑格尔著),11

Seele(德语:灵魂),37

self-consciousness,自我意识,19,57,68—69,120

senses,感觉,12,41,60,71; sensory experience,感觉经验,42,44,53

Simmias,辛弥亚(柏拉图《斐多》中的人物),39,42,44—45,58

Simplicius,辛普里丘(6世纪的新柏拉图主义者以及亚里士多德的评注者),7,34,52,76,86—87,107,117

Skeptics,怀疑主义(希腊哲学学派),33

Snell, Bruno,布鲁诺·斯奈尔(1896—,德国哲学家),14

Socrates,苏格拉底(公元前469—399,希腊哲学家),36—37,39—45,47—48,50—53,55,57—59,61,63—64,73,78,83,91,113

Sophist,《智者》(柏拉图著),43,60,62—63,65—68,71—72,75,77,79,81,85,94,112

Sophists,智者(游动于公元前5世纪的希腊教师),40,54,61

spirit,精神,11,16,20,50,66,68

stasiôtai(希腊语:静止),62,65

Stephanus,斯特方(法文名 Henri Estienne, 1531—1598,

法国学者、希腊经典的印行者),122
Stoicism,斯多葛主义(塞提翁的芝诺所创立的希腊罗马哲学),26,33,104,108
structure,结构(康德与狄尔泰的哲学概念),20—22
subject and object,主体与客体,31,120
Summa Theologia,《神学大全》(阿奎那著),96

ta enantia(希腊语:彼此对立),101
technê(希腊语:技艺、技巧),34,74—75,79,82
teleology,目的论,16,22,53
Thales,泰勒斯(公元前648—546,来自米利都的早期希腊思想家),7,10,13,15—16,35,65,76,78—80,85—87,89—90
thanatos(希腊语:死),57
Theatetus,《泰阿泰德》(柏拉图著),51,60—62,65—66,68,71—72,94,109,119
Theogony,《神谱》(赫西俄德著),36,65,96,107
Theology of the Early Greek Thinkers, *The*,《早期希腊思想家的神学》(耶格尔著),36,86
Timaeus,《蒂迈欧》(柏拉图著),67,73—74,80—81,104
to auto(希腊语:同样、同一),111
to ison(希腊语:相等),44
Topics,《论题篇》(亚里士多德著),25—26,29
transmigration of the soul,灵魂轮回,38,56
Tübingen school,图宾根学派,11

unity,统一,18,31,51,64,66,85,90,98,101,105—106,111,113,118,121

universe,宇宙,29,52—53,63,69,73—74,85—93,97—101,103—104,108,113,118,121—122
Untersteiner, Mario,马里奥·昂德斯代尔(1899—1981,

意大利哲学家),61

values,价值,27—28,31,53,70,74,86,91,94—96,99
Viennese school,维也纳学派,77
virtue,德性,27—28,48,65,90,97
virtuality,德性,18

Weber, Max,马克斯·韦伯(1864—1920,德国社会学家),17
Weltgeschichte(德语:世界史),46
Whitehead, Alfred North,阿弗烈·诺夫·怀特海(1861—1947,英国哲学家),61
Wittgenstein, Ludwig,路德维希·维特根斯坦(1889—1951,奥地利哲学家),61
world-soul,世界灵魂,68,73

Xenophanes,克塞诺芬尼(公元前570—前470,希腊哲学家),36,63,72,77,90—91,96

Zeller, Eduard,爱德华·策勒尔(1814—1908,德国新康德主义哲学家),12,19,21—22,35
Zeno of Elea,埃利亚的芝诺(公元前490—前430,巴门尼德的弟子),112,118

附录
伽达默尔论哲学的开端[①]

赵 灿

思考哲学的开端,也是思考西方科学、西方思想乃至整个西方文化的开端,此乃伽达默尔长期致力的对象。早在1967年,临退休的伽达默尔最后在海德堡课堂上所发表的演讲,便以哲学的开端为主题。1988年,88岁高龄的伽达默尔受邀前往意大利,在那不勒斯的"哲学研究所"(Instituto per gli Studi Filosofici),再次就前苏格拉底哲学和西方思想的开端问题,用意大利语发表了一系列脱稿演讲。这些演讲后由Vittorio De Cesare据录音整理并润色,于1993年在意大利以《西方哲学的开端》(*L'inizio della filosofia occidentale*)为名出版;1996年,由Joachim Schulte译自意文的德文本出版,书名省略"西方"二字,仅作《哲学的

[①] 本文曾发表于《哲学家》(2015—2016),中国人民大学哲学院编,人民出版社,2016年11月。此处仅对文字作了修改,观点一仍其旧。

开端》(Der Anfang der Philosophie),德语译文曾经伽达默尔本人修订;1998年,由Rod Coltman译自德文本的英文本出版,书名仍为《哲学的开端》(The Beginning of Philosophy)。

我们在这里把伽达默尔的讲座内容划分为四部分,第一是"开端"的含义以及进入开端的方法;第二是从柏拉图《斐多》到《泰阿泰德》和《智者》所体现的哲学转变;第三是亚里士多德《物理学》中的米利都学派;第四是巴门尼德教诲诗对米利都思想的回应和超越。

一、"开端"的含义及进入开端的释义学途径

1. "开端"的三种含义

在讨论哲学的开端之前,得先明白"开端"的含义。依伽达默尔所说,"开端"的含义有三种:

第一,历史的-时间的含义。"开端"在希腊文里为archê,相应的拉丁词是principium,这个拉丁词本来有两种用法,一是用以指时间上的起源和开始;二是用以指思辨的、逻辑-哲学方面的内容,此时往往译为"原理",也就是一般意义上的"哲学"。如果暂时撇开第二种用法,只限于把它理解为时间上的开始。那么随之后来的问题便是:哲学从什么开始,是从泰勒斯开始吗?亚里士多德如此说,后

世也这样看。但亚里士多德也提到了荷马和赫西俄德,说他们是最早的理性神学的创作者。也就是说,在用理性来解释生活和世界的过程中,伟大的史诗传统也是一个不可忽视的步骤。此外,还应该考虑希腊语言文字之谜,如希腊语中性名词的使用、系动词的使用,以及希腊字母的应用等等。总之,从历史-时间来说,"开端"并不如我们所想象的那么确定,而是面临着众多选择。

第二,开端与终点的自反性含义。按这种理解,开端与终点有着无法拆散的联系:开端指向终点和目的,终点和目的也指向开端;开端决定终点,终点依赖开端。在开端之处,所有内容都已被给出,所谓"发展",其实不过是把包含在开端内的东西展现出来。这种自反性含义的理解,又可再细分为三种:一是形而上学的终结——形而上学的终结就是哲学开端的目标;二是科学理性的成熟——哲学的开端就是"从神话(mythos)到理性(logos)";三是更为激进的所谓"人的终结"。

第三,无数的可能。这种理解认为,"开端"意味着所有的一切都还不确定,无论内容、形式、方向、终点、目的,都还没有固定下来。"开端"就像人的青少年时期,意味着它的未来有无数可能。这样理解的开端,它就不是反思的,而是直接的,向具体经验敞开的。

不过,伽达默尔同时也指出,以上关于"开端"的三种含义,并不是三种不同的事物,而是同一事物的三个不同层面,不能相互分离。

2. 进入开端的释义学途径:柏拉图和亚里士多德

哲学的开端,实际所指就是前苏格拉底哲学。研究前苏格拉底哲学,方法很多,如黑格尔的体系方法、施莱尔马赫的浪漫主义方法、策勒尔的温和黑格尔主义方法、狄尔泰的"结构"方法以及"问题史"的方法,等等。

伽达默尔本人则一如既往地强调他的"效果历史"(effective history)或"历史效果意识"(historically effective consciousness)的方法。就是说,只要面对历史上的任何一种观点或学说,就不可避免地处于它的历史效应之中。这种观念尤其适合前苏格拉底哲学。因为前苏格拉底哲学没有任何完整的文献保存下来,其文献只散见于后人的记录,如柏拉图、亚里士多德、第欧根尼·拉尔修等人。因此,我们不可能直接面对前苏格拉底哲学,我们所面对的只是后人所记录的前苏格拉底哲学。用伽达默尔的术语说,我们研究的实际上只是前苏格拉底哲学在柏拉图哲学中造成的效果、在亚里士多德哲学中造成的效果,以及在漫步学派、斯多亚学派、新柏拉图主义学派、近代浪漫主义哲学、黑格尔哲学、尼采哲学、海德格尔哲学中所造成的效果。而在整个效果史中,最为关键的显然是柏拉图和亚里士多德。所以,伽达默尔认为,思考哲学的开端,思考前苏格拉底哲学,应该从——而且也只能从——柏拉图和亚里士多德开始:

> 在我关于前苏格拉底哲学的演讲中,最值得注意的关键是,我既非从泰勒斯,也非从荷马开始,更非从公元前2世纪的希腊语言开始;相反,我从柏拉图和亚里士多德开始。在我看来,此乃哲学式地解释前苏格拉底的唯一途径。其他任何方式都是脱离哲学的历史主义。①

当然,此处的问题是:若按伽达默尔的方法,那他在这里研究的究竟是柏拉图、亚里士多德哲学,还是前苏格拉底哲学? 或可这样为伽达默尔辩护:既然前苏格拉底哲学文献只残留于其他著作,那我

---

① Hans-Georg Gadamer, *The Beginning of Philosophy*, translated by Rod Coltman, The continuum Publishing Company, New York, p. 10.

们现在所能见到的前苏格拉底哲学文献,都不是真正的前苏格拉底哲学文献,怎能说用第尔斯(Hermann Diels)辑录的文献来进行研究,就是前苏格拉底哲学研究,而用柏拉图和亚里士多德的文本来进行研究,就不是前苏格拉底哲学研究呢?别忘记,第尔斯所辑录的文献来源正是柏拉图和亚里士多德这些人。但如此辩护,相信许多史学家不会同意,因为,如果进一步把这种逻辑推向极端,那就根本不可能有前苏格拉底哲学研究,甚至连苏格拉底哲学研究也不可能有——前苏格拉底哲学文献只是没能保存,而苏格拉底就根本没有写过任何哲学!所以,我们认为,从柏拉图和亚里士多德来开始研究前苏格拉底哲学,这本身并没有错,难的是如何以一种历史的、批判的眼光,来区分前苏格拉底哲学与柏拉图、亚里士多德哲学。

二、开端之一:从灵魂到逻各斯

讨论前苏格拉底哲学体现在柏拉图哲学中的效果,伽达默尔选择从柏拉图的《斐多》开始①。

---

① 经笔者比较,伽达默尔在《哲学的开端》中论述《斐多》的内容,与其另一论文《柏拉图〈斐多篇〉对灵魂不朽的证明》(中译文见伽达默尔:《伽达默尔论柏拉图》,余纪元译,光明日报出版社,1992 年)的基本观点是一致的。

原因有两点:首先,苏格拉底在《斐多》中自述了他的思想如何从所谓"前苏格拉底"转变到"苏格拉底"。其次,苏格拉底的两个对话伙伴——辛弥亚(Simmias)和格贝(Cebes)——都是毕达哥拉斯派的传人,即是历史上实有之人,因此《斐多》包含毕达哥拉斯派的背景,而毕达哥拉斯派在前苏格拉底哲学中地位特殊,伽达默尔说:

> 我们只要阅读一下苏格拉底以前的传记文献,同一事实就会反复显露:从阿那克西曼德到巴门尼德的任何人,皆被描述为毕达哥拉斯的追随者。这一事实的意义十分重要。依我看,这意味着毕达哥拉斯集中体现了数之谜和灵魂之谜,以及灵魂转世和灵魂净化的中心主题。①

《斐多》关于灵魂不死的论证正是在这样的大背景下开始的。伽达默尔讨论《斐多》的灵魂问题,目的是讨论毕达哥拉斯传统如何对苏格拉底-柏拉图哲学造成效果。但《斐多》中的辛弥亚和格

---

① Hans-Georg Gadamer, *The Beginning of Philosophy*, translated by Rod Coltman, The continuum Publishing Company, New York, p. 38.

贝已经不是传统意义上以宗教组织为主的毕达哥拉斯派的代表,而是以学者和科学家为主的革新了的毕达哥拉斯派的代表。这一点不能忽视,因为"它表明柏拉图看到,把苏格拉底所代表的道德反省与毕达哥拉斯所代表的科学知识结合起来,这是他自己的任务"①。以净化灵魂为例,《斐多》中的苏格拉底与毕达哥拉斯传统的要求是不同的:传统的毕达哥拉斯派要求有一系列的祭礼仪式,而苏格拉底则要求在专注思辨的哲学生活中发现新的自我意识。②

《斐多》首先对灵魂不死进行了两种论证。论证一的核心是自然的循环结构。论证二的核心是回忆说。针对这两种论证,辛弥亚和格贝各自提出了一种反驳。辛弥亚的反驳认为灵魂无非是身体的和谐,正如琴声是琴弦的和谐,身体没了,和谐自然也就随之消失。格贝的反驳认为,我们只能说灵魂比身体活得长,但不能说灵魂不死,因为灵魂经过不同身体的迁移后,难保最终也要死在某个身体上,正如一个人穿破过许多件衣服,最终

---

① 伽达默尔:《伽达默尔论柏拉图》,余纪元译,北京:光明日报出版社,1992年,第26页。
② 伽达默尔:《伽达默尔论柏拉图》,余纪元译,北京:光明日报出版社,1992年,第28页。

也要死在某件衣服上。

接下去便是苏格拉底的回答,但在回答之前,苏格拉底讲述了他的转向,即上文所谓从"前苏格拉底"到"苏格拉底"的转向。苏格拉底说,原先他怀着极大的热忱学习他那个时代的科学,他称为"自然研究",也就是后世所谓"前苏格拉底"的"自然哲学",尤其提到阿那克萨戈拉。后来苏格拉底发觉以这种方式来解释自然是徒劳的。于是开始了他著名的"第二次起航"。苏格拉底不再以自然主义的方式来找寻原因,而是在善的理念中、在逻各斯(logos)中寻找原因。因为,逻各斯的世界比直接的经验世界拥有更多的实在性。关于事物本性的知识,通过逻各斯来获得会比通过经验来获得可靠得多。

迈出这一步,对苏格拉底来说意义重大,对柏拉图的《斐多》也意义重大,它标志着《斐多》的证明由第一阶段转到了第二阶段。第一阶段的目标是证明灵魂不朽,但这只是浅层目标,"它的深层目标根本不是不朽,而是构成灵魂的现实存在的东西——不是其可能的有朽性或不朽性,而是它对自身以及对实在的永远清醒的理解"。[①]

---

① 伽达默尔:《伽达默尔论柏拉图》,余纪元译,北京:光明日报出版社,1992年,第33页。

《斐多》通过与毕达哥拉斯传统的对话表明,对灵魂不朽的证明以及对原因的探究,通过自然主义的方式行不通,而是必须转到对理念与生成的关系的探究。不仅是理念与生成之间的关系的探究,而且它还要证明理念自身同其他理念有着不可分割的联系。譬如,暖显然与火有联系。也就是说,理念不仅坚持自身同一,而且它同其他特定的理念还有不可分割的联系。只有以此方式逻各斯才存在:逻各斯不仅仅是一个孤零零的语词,而是一个个语词的联接。① 所以伽达默尔说其意义在于:

> 正是在善的理念中,"整全"(the whole)第一次以彻底有别于元素总合的意义得以表述,而所谓元素总合,正如我们所知,这是历史研究的对象。苏格拉底在这里表达了一项只有在亚里士多德《物理学》中才得以展开的任务,即,建立在善的理念基础之上的关于实在的解释。以这种方式,希腊自然哲学的目的论结构最终得到普遍认可,并在一定程度

---

① Hans-Georg Gadamer, *The Beginning of Philosophy*, translated by Rod Coltman, The continuum Publishing Company, New York, p. 55.

上保持着它的现实性。①

逻各斯和理念的主题、理念与理念的关系的主题,尽管《斐多》从生命主题出发最终导出了该主题,但它仍没有得到论证。接着完成这个论证任务的是《泰阿泰德》和《智者》。《泰阿泰德》关于"知识"的第三个定义即把知识理解为逻各斯,在此意义上,《泰阿泰德》正是《智者》的导论。在《智者》中,埃利亚陌生人列举了先贤哲学家关于本原的主张,共有四种:第一种主张有三个本原,第二种主张有两个本原,第三种主张是他们埃利亚派自己的,只有一个本原,第四种主张是伊奥尼亚哲学家的,主张的本原既是一又是多。埃利亚陌生人列出这份清单,伽达默尔认为,其所依据的"并非基于时间顺序,而是基于一种与神秘的数字相联系的毕达哥拉斯式的逻辑划分"。② 埃利亚陌生人列举的目的,是批评他们自说自话,用"讲故事"(mythos)的方式来探究本原,最终引出他本

---

① Hans-Georg Gadamer, *The Beginning of Philosophy*, translated by Rod Coltman, The continuum Publishing Company, New York, pp. 52—53.
② Hans-Georg Gadamer, *The Beginning of Philosophy*, translated by Rod Coltman, The continuum Publishing Company, New York, p. 64.

人的新方式,即探究"存在"的确切含义。于是,早期自然学说在这里被归结为如下五个基本理念的辩证关系,即:存在者、动、静、同一、差异。这是思想方式的变革。伽达默尔说:

> 《智者》的目标,既不是仅仅提出一种纯粹形式的解决疑难的方法,也不是在两种对立理论之间作一折中,相反,两种理论在论战中都失败了。按柏拉图的意思,其实这里所涉及的乃是意识,乃是同一化之力量(power of identifying)。思想总是一种同一化,但它也是一种自我运动。思想也总是一种行动,是在时间中流变的某种东西,因而同一性整个地渗透着临时性。[1]

西方哲学要踏上本体论-形而上学的道路,非经此变革不可。这次变革对西方哲学进程来说意义重大,堪比德国观念论对近代哲学进程的变革。

三、开端之二:米利都学派的宇宙论

就转向逻各斯这点来说,亚里士多德和柏拉

---

[1] Hans-Georg Gadamer, *The Beginning of Philosophy*, translated by Rod Coltman, The continuum Publishing Company, New York, p. 67.

图是一致的,他们都是苏格拉底的追随者。但亚里士多德明显对柏拉图所理解的宇宙实存表示不满。尤其体现在,亚里士多德认为,柏拉图在《蒂迈欧》中所描述的巨匠按理念的模型来创世的过程,实质是技艺(technê)的问题,而非自然(physis)的问题。所以伽达默尔认为,亚里士多德《物理学》整个第一卷都是在根本上对柏拉图进行的批评。其中的第二、三章看起来是对巴门尼德和埃利亚哲学进行的批评。但在这两章中,亚里士多德的批评只针对于巴门尼德教诲诗的第一部分。反而对集中思考自然、思考宇宙、思考天体的自我运动的第二部分诗歌,亚里士多德却未予讨论。个中缘由在于,这两章表面在批评巴门尼德,实质上真正的攻击对象还是柏拉图,亚里士多德认为柏拉图的观点简单地等同于巴门尼德诗歌的第一部分。

《物理学》第四章考察了关于所谓早期自然哲学家的学说,亚里士多德称他们为自然学家(physiologists),或称物理学家(physicists)。亚里士多德把他们的学说分为两派:一派通过密集和稀散产生事物,一派主张从混合体中分离事物。对前一派,亚里士多德并没有直接指出他们的代表者,但据伽达默尔分析,它指的是阿那克西美尼和泰勒斯。对后一派,亚里士多德明确说了阿那克西曼德、恩培多克勒、阿那克萨戈拉。在《物理学》第一卷第四章中,亚里士多德并没有把阿那克西曼德与阿那克西美尼、泰勒斯归为米利都学派,而是与恩培多克勒、阿那克萨戈拉归在了元素派。伽达默尔认为,这是因为亚里士多德把阿那克西曼德的宇宙论理解为建立在一个燃烧的宇宙球体之上的宇宙论,因此这是建立在释放与区分的理念的基础上的宇宙论,这使得亚里士多德把元素理论也归给了阿那克西曼德。

《物理学》中关于"前苏格拉底"的论述,乃是学述(doxography)传统的开端,同时,这种学述传统也为哲学的开端打上了深深的公元前4世纪的烙印。例如,伽达默尔认为,在公元前6世纪,"自然"(physis)还不是自明的概念,只有当西方思想引入诸如"法律"(nomos)和"技术"(thchnê)这样的反概念时,"自然"这个概念才开始了自明的用法。所以,伽达默尔说:

> 倘若追随亚里士多德,认为他们各自在物质实体的意义上提出本原,首先以水作本原,然后又以气作本原,那将会彻底误入歧途。不!这里所涉及的乃是其他事情,具体

说，它关乎的不是元素，而是事物的变化性。①

具体看米利都学派。首先是泰勒斯的水本原说。亚里士多德在《形而上学》中说，这出于对生命离不开潮湿的观测。但伽达默尔认为，这种论证方式是以公元前5世纪的生物学、医学的发展为前提的，不符合公元前6世纪的宇宙论-天体演化论的思考方式。其实，泰勒斯的真正问题并非提出水为质料因。水的基底性应该用亚里士多德也提到的其他事实来证明，即：当人们把木块压入水中时，它却总是要浮到水面上来。伽达默尔说，如果用一个精致的表达来指称这种统一性(unity)或朝向统一性的东西，它就是"宇宙"(universe)。

对于阿那克西曼德，历来的分歧较多。据辛普里丘辑录的残篇，阿那克西曼德的有关句子为："archê eirêche tôn ontôn to apeiron."伽达默尔认为，"archô"在这里指的无非是指时间意义上的"开端"。如果从万物起源的角度，把阿纳克西曼

---

① Hans-Georg Gadamer, *The Beginning of Philosophy*, translated by Rod Coltman, The continuum Publishing Company, New York, p. 77.

德这句话解释出"始基"(principle)的形而上学涵义,那将犯时代错误。所以,按伽达默尔的理解,这句话应该理解为:"无限乃是整全的开端。"但分歧最大的句子是后面这句:"didonai gar auta dikên kai tisin allêlois tês adikias kata tên tou chronou taxin."①尼采在《希腊悲剧时代的哲学》中把这段话理解为:"存在的东西要为其不义付出代价,因为它们打破整全而变为个体。"耶格尔(W. Jaeger)甚至认为阿那克西曼德此处暗指的是伊奥尼亚城邦现在登基的国王终将会受惩罚。伽达默尔认为这种解读站不住脚,因为它必须以抹去"相互地"(allêlois)这个词作为文本支持。但即使在辛普里丘的记载中也可见这个词。这意味着存在的东西乃是"互相"遭受惩罚和赎罪。所以,如果注意到"相互地"这个词,那么,阿那克西曼德在这里涉及的其实是"对立"(enantia),以及对立者之间的关系。所以,依伽达默尔的解释,"阿那克西曼德箴言所表达的无非是平衡,无非是宇宙中所存在的永恒均衡,以及每一盛行趋势将会被另一相反趋势所取代的事实。总之,阿纳克西曼德箴言

---

① Hans-Georg Gadamer, *The Beginning of Philosophy*, translated by Rod Coltman, The continuum Publishing Company, New York, p. 86.

的目的显然是表达现象之间的自然平衡。"① 换句话说,"在这种宇宙秩序中,没有任何个体可以最终地、绝对地取得优势,而是不断与其他个体达成均衡,如同夏天在冬天之后到来,均衡以此方式得以重新确立。"②

对于阿那克西美尼,传统的思想编纂把他放在阿那克西曼德之后,并认为,阿那克西美尼的气本原学说相对阿那克西曼德的无定说是一种倒退。伽达默尔认为这是一种荒谬的说法。事实上,当亚里士多德谈到阿那克西美尼时,说的是"hoi peri Anaximenên"。③ 也就是说,阿那克西美尼被看作是学派的首脑,是米利都学派的代表者。依伽达默尔的解释,倒退说的误判乃源自对"阿派朗"(apeiron)一词的误解。"阿派朗"其实是指既没有开端也没有终点,它像圆一样,一次又一次返回自身。这乃是存在之奇迹:运动调解着自身连

---

① Hans-Georg Gadamer, *The Beginning of Philosophy*, translated by Rod Coltman, The continuum Publishing Company, New York, p. 87.
② Hans-Georg Gadamer, *The Beginning of Philosophy*, translated by Rod Coltman, The continuum Publishing Company, New York, p. 101.
③ Hans-Georg Gadamer, *The Beginning of Philosophy*, translated by Rod Coltman, The continuum Publishing Company, New York, p. 88.

续地、逐步地进入无限。似乎这才是实存者的真正开端。这与海德格尔把时间性的观念看作理解阿那克西曼德箴言的关键是一致的。

总之,泰勒斯、阿那克西曼德、阿那克西美尼,这三位思想家之所以被后世放在一起,以同一个学派——米利都学派——来命名;并被纳入《物理学》的"学述"视野框架,其原因就在于:

> 在作为所谓米利都学派成员而流传的三位思想家中,有一个显著的共同导向。同一问题在不同情况之下提出——在泰勒斯之处以水,在阿那克西曼德之处以宇宙周期,在阿那克西美尼之处以气。所有这些我们均可诉诸亚里士多德《物理学》所展开的概念性而加以表述,为此我们采用了 physis 这一概念。这些思想家所阐述的新颖之处正在于此:重要的乃是 physis 问题,乃是变化之中和现象的多样性之中的持存者。使这些思想家得以统一,并被视作希腊思想第一阶段的,乃是他们把自己从 mythos(神话)中分离出来的意愿,以及通过可观测的现实(这一现实就在它自身之中承载自身和规范自身)进行思想表达的意愿。这种努力可在亚里士多德《物理

学》的概念性框架中得以恰当描述。①

四、开端之三:巴门尼德的存在论

克塞诺芬尼历来被看作埃利亚派的创始人,对此,伽达默尔是否认的,甚至他认为根本不存在所谓埃利亚学派。但伽达默尔并不否认克塞诺芬尼的重要性,他认为克塞诺芬尼从小亚细亚迁移到南意大利,这是一个极重要的事件,西方思想由此翻开了新的一页。克塞诺芬尼的重要性在于他描述了独一无二的神。这神:"他总保持在同一地方不动。"(aiei d'en tautôi mimnei kinoumenos ouden.)②

克塞诺芬尼断言独一无二的神是不动的,也就是否定运动。伽达默尔认为,这针对的就是米利都学派所讨论的问题:整全本身或宇宙本身。而对克塞诺芬尼的这种观点进行吸收,并宣称世界独立自在而不动的思想家,当然就是巴门尼德。巴门尼德的诗歌是对米利都学派的问题所作的回

---

① Hans-Georg Gadamer, *The Beginning of Philosophy*, translated by Rod Coltman, The continuum Publishing Company, New York, p. 90.
② Hans-Georg Gadamer, *The Beginning of Philosophy*, translated by Rod Coltman, The continuum Publishing Company, New York, p. 91.

答。如何可能思考承载整全的自然的起源？是通过新神话的途径、宇宙学说的途径、源始球体的途径，抑或是一种神秘的描述？对那些凭理性的概念来思考的思想家来说，所有这一切的答案均不能使之满意。因此便有如下回答：没有任何起源，没有任何运动，没有任何变化。如此便是巴门尼德的诗歌所表达的理论。

巴门尼德的诗歌采用的是源自荷马的史诗传统的写作方式，而非辩论性的文字，不能把它看作与赫拉克利特的辩论。① 伽达默尔提醒我们，第 6 残篇中，与真理相对的是"凡人的意见"（doxai brotôn）。"凡人的意见"不可能指赫拉克利特，因为它在诗中乃是复数，乃作为"人类"的同义词来

---

① 关于赫拉克利特思想，伽达默尔曾撰有《赫拉克利特传统》《赫拉克利特研究》两文，英译文见伽达默尔的另一文集《知识的开端》（Hans-Georg Gadamer, *The Beginning of Kowledge*, translated by Rod Coltman, The continuum International Publishing Group, New York, 2001）。同时收入该集的文章还有论原子论的，论前苏格拉底宇宙论与柏拉图哲学的，论希腊自然概念和自然科学的。《知识的开端》本应与《哲学的开端》对照阅读，但出于篇幅限制，本文暂不对"知识"意义上的开端作讨论。唯可说明的是，伽达默尔在《哲学的开端》中并没有区别巴门尼德思想与赫拉克利特思想。伽达默尔认为，关于巴门尼德与赫拉克利特之间的关系，并不存在如后世所谓的那种批判或者相互批评，这两人生活的时代大致相同，或许根本不认识。

使用，即相对于"不死者"而言的"有死者"。[1] 同时，《序诗》也说，"神的教导包含一切东西"（chreô de se panta puthesthai）。"既有圆满真理，亦即它的不可动摇之中心"（êmen alêtheiês eukukleos atremes êtor），同时也有"凡人的意见"（brotôn doxas）。很明显，神传授的不仅只是真理，而且也包括凡人的意见。在伽达默尔的巴门尼德诗歌解释中，这种真理与意见的双重性极重要，独个的真理不能与众多的意见相分离。也就是说，意见之路在巴门尼德的诗歌中也是很重要的一部分内容，不可无视。但在后世的解释传统中，意见之路往往被人们当做谬误而抛弃。

接下去，在第8残篇50—52行，即在从真理之路向意见之路过渡时，巴门尼德写道："由此，我将使我的无可争议的论证和我关于真理的思想得出最后的结论。"[2]但是现在你也必须掌握"凡人的意见"（doxas d'apo toude broteias），凡人的意见通过语言解释了外事万物如何构成宇宙，形成秩序。

---

[1] Hans-Georg Gadamer, *The Beginning of Philosophy*, translated by Rod Coltman, The continuum Publishing Company, New York, p. 95.

[2] Hans-Georg Gadamer, *The Beginning of Philosophy*, translated by Rod Coltman, The continuum Publishing Company, New York, p. 100.

第 8 残篇接下去的 53 行说:"凡人决定了对存在物采取两种命名形式"(morphas gar katethento duo gnômas onomazein)。① 此主题在第 54 行进一步作出回应:"tôn mian ou chreôn estin."② 伽达默尔认为,按传统解释,这里主张的两种方式或称呼之一种是不正确的。因为在希腊语中,如果用"两个之中的一个"来表达与另一件事物相关的一件事物,那么希腊语不用"mia",而是用"hetera"。因此,这里的"一"不是"二之中的一",毋宁说乃是事物的统一体,是两种不同种的真正统一。③ 就此而言,巴门尼德的诗歌表达了与米利都学派相同的思想。但在接下来的第 8 残篇中,巴门尼德通过思考光明与黑暗而超越了米利都思想。光明与黑暗之间的对立代替了米利都派的热与冷、干与湿等对立。在这里,光明不是作为实在,而是与知识相关,与存在的显现相关——光

---

① Hans-Georg Gadamer, *The Beginning of Philosophy*, translated by Rod Coltman, The continuum Publishing Company, New York, p. 101.

② Hans-Georg Gadamer, *The Beginning of Philosophy*, translated by Rod Coltman, The continuum Publishing Company, New York, p. 101.

③ Hans-Georg Gadamer, *The Beginning of Philosophy*, translated by Rod Coltman, The continuum Publishing Company, New York, p. 101.

乃是使存在之显现成为可能的东西:存在直接呈现于此,正如同白天直接呈现出来一样。此乃巴门尼德的革新所在。

总之,《残篇八》后半部分表明了巴门尼德诗歌第一部分向第二部分的过渡,伽达默尔通过对这部分诗歌的读解,得出如下结论:

> 第一,我们在上面提到的诗行中,发现了一种宇宙观,该观点认为,宇宙由相互关联的、不可分离的对立者构成;第二,这种观点的概念优越于伊奥尼亚派,因为它避免了对"无"的思考;第三,光明和黑暗的意象把这种观点概括为存在的显现及其可知性。[①]

从此处的结论出发,伽达默尔才重新回过头来解释诗歌的第一部分,即所谓"真理之路"、"存在之路"。对这部分的解释,最重要的当是第 3 残篇:"to gar auto noein estin te kai einai."[②]

[①] Hans-Georg Gadamer, *The Beginning of Philosophy*, translated by Rod Coltman, The continuum Publishing Company, New York, p. 103.

[②] Hans-Georg Gadamer, *The Beginning of Philosophy*, translated by Rod Coltman, The continuum Publishing Company, New York, p. 110.

伽达默尔首先指出,这里的"estin"不作系词功能而是实存(existence),①"存在"(estin/it is)就相当于"有"(there is),②并且,它不是某物在那里的意义上,而是在古典希腊的意义上来指它是可能的,它具有力量存在。当然,这儿的"它是可能的"(that it is possible)也包含它存在(it is)。其次,伽达默尔指出,"同一"(to auto)虽位于文本的开头,但在这里,它不是作主语,而是作谓语,是对某物的述说。这个某物就是"estin noein"与"estin einai"的关系,就是"知觉/思想"([is] perceiving/thinking)与"存在"([is] being)的关系。"知觉/思想"与"存在"这两者乃是同一的,是被一个不可拆解的同一体联结在一起的。③

问题的关键是,如何理解这里的"noein"? 伽达默尔指出,我们往往把这个词译作"思想"(thinking);但是,这个词的基本涵义并不是专注

---

① Hans-Georg Gadamer, *The Beginning of Philosophy*, translated by Rod Coltman, The continuum Publishing Company, New York, p. 111.
② Hans-Georg Gadamer, *The Beginning of Philosophy*, translated by Rod Coltman, The continuum Publishing Company, New York, p. 110. "there is"对应的德文为"es gibt"。
③ Hans-Georg Gadamer, *The Beginning of Philosophy*, translated by Rod Coltman, The continuum Publishing Company, New York, p. 111.

于自身,不是反思,而是正好相反,它乃是对所有事物的完全敞开,①是对某物在那里的"知觉"(sensing)。② 因此,这个词所表达的是无反思的、无中介的、直接性的含义。以此角度,巴门尼德的"存在与思想(noein)不可分离"的说法,便作如下理解:"仅只在'明显'(evidentness)——即最宽泛意义上的'知觉'(perception)——的限度内,才会有某物呈现于'noein'中;仅只在这种限度内,'存在'(being)是在那里。"③也正如巴门尼德第 8 残篇所说,存在之展现与对存在的知觉是同时发生的。④

总之:"思想"(noein)不仅自身同一,而且也赋予了"存在"之同一;不仅赋予了"存在"之同一,而且还赋予了"存在"与它自身(即"思想")之同

---

① Hans-Georg Gadamer, *The Beginning of Philosophy*, translated by Rod Coltman, The continuum Publishing Company, New York, p. 103.
② Hans-Georg Gadamer, *The Beginning of Philosophy*, translated by Rod Coltman, The continuum Publishing Company, New York, p. 108.
③ Hans-Georg Gadamer, *The Beginning of Philosophy*, translated by Rod Coltman, The continuum Publishing Company, New York, p. 108.
④ Hans-Georg Gadamer, *The Beginning of Philosophy*, translated by Rod Coltman, The continuum Publishing Company, New York, p. 120.

一。此即西方哲学史上的著名命题是也:"存在与思想是同一的。"

五、总结

因为前苏格拉底哲学家没有著作,只有效果,所以伽达默尔关于前苏格拉底思想的探究,是从柏拉图、亚里士多德开始的。并且伽达默尔认为也只有这样的方式,才是真正的哲学的方式。

首先,伽达默尔从柏拉图的《斐多》开始,讨论了苏格拉底从自然研究投向逻各斯和理念的过程。这个过程之所以发生,乃是因为灵魂既是生命的起源,同时又是努斯(nous)的起源。哲学就摇摆于两种开端之间:生命起源意义上的开端、知识和思想意义上的开端。因此,《斐多》在从作为生命起源的灵魂论到知识和形而上学的新路向中迈出了第一步,紧接其后的便是《泰阿泰德》、《智者》的知识论和形而上学。

接着,伽达默尔讨论了亚里士多德的"学述"方法,讨论了《物理学》怎样通过这种方法来考察哲学的开端,尤其是三位米利都思想家。依伽达默尔理解,他们的问题并不在于提出某种物质意义上的本原,而在于探索宇宙秩序,探索自然的起源、世界的统一。

最后,伽达默尔来到巴门尼德。巴门尼德的教诲诗通过存在和努斯的同一,回应并超越了米利都思想关于自然起源问题的思考。同时,巴门尼德的教诲诗不仅揭开了西方形而上学的序幕,而且它还为我们看待存在问题敞开了新的思想可能。

如此这般理解了哲学的开端,也就不难理解哲学的终点:在通常认为的哲学史的终点处,也就是在黑格尔那里,哲学就是在意识的反思中,把生命存在的循环转变过程呈现出来。因此:生命哲学同时也是自我意识哲学;存在和精神仍然是同一的。

但毕竟,前苏格拉底思想不是德国唯心论,巴门尼德也不是黑格尔。开端与终点的自反性含义只是"开端"的三种含义之一。"开端"就意味着无数的可能,既有黑格尔思想的可能,也有海德格尔思想的可能,当然还有柏拉图思想、亚里士多德思想的可能。在这个意义上,思考哲学的开端,也就是思考思想的可能。

中译者后记

关于本书的版本源流,英译者前言已有清楚说明。这里只就与中译文相关的事项,作一交代。

本书的翻译始于十年前。当时译者是复旦大学哲学学院的一名硕士研究生,专攻希腊哲学。遵从导师佘碧平教授的建议,我借助伽达默尔的著作学习希腊哲学,这本《哲学的开端》便是我当年在复旦图书馆发现的。在往后的日子里,我一边阅读,一边用笔把译文写在纸上,大概花了两年时间通译完。但那时纯粹是为了提高自己的阅读能力和表达能力,压根儿没有出版的念头。

几年之后,我初步学习了希腊文,对希腊哲学自然也多了些见识,并且还学习了法文,可以阅读法文著作。于是我买到《哲学的开端》的法译本,以法英两种译本互参,对原先的中译文作逐字逐句的校对,改正了误译,润色了表达。这样又花了差不多两年的时间,心想已经大致可以弥补不识意大利文和德文的缺陷了,这才把中译文向华东师大出版社的六点分社推荐。六点分社的倪为国老师看了译文,高度肯定它的学术价值,并且还专门在电话里叮嘱我,务必保持自己的研究方向,不要因为身处边疆地区而松懈、放弃。

借本书问世之机,我要谢谢倪为国老师对我的研究工作的肯定和勉励;谢谢我的导师佘碧平教授,没有老师当年的建议,自然不会有这本译著;谢谢编辑高建红老师为本书付出的辛勤汗水;谢谢黄家光先生、杨励杰女士认真通读译文并提出非常有价值的修改意见,本书出版得到了"中国陆地边疆治理协同创新中心"的经费支持,应该谢谢方盛举教授。

赵　灿

2017 年 11 月 8 日

于昆明

图书在版编目(CIP)数据

哲学的开端/(德)伽达默尔著;赵灿译.--上海:华东师范大学出版社,2019
ISBN 978-7-5675-9225-4

Ⅰ.①哲… Ⅱ.①伽… ②赵 Ⅲ.①西方哲学—研究 Ⅳ.①B5

中国版本图书馆 CIP 数据核字(2019)第 091296 号

华东师范大学出版社六点分社
企划人 倪为国

Der Anfang der Philosophie
by Hans-Georg Gadamer
Copyright © 1996 Philipp Reclam jun. Verlag GmbH & Co. KG
Published by arrangement with Philipp Reclam jun. Verlag GmbH & Co. KG
Simplified Chinese Translation Copyright © 2019 by East China Normal University Press Ltd
ALL RIGHTS RESERVED.
上海市版权局著作权合同登记 图字:09-2017-394 号

快与慢
哲学的开端

著　　者	(德)伽达默尔
译　　者	赵　灿
责任编辑	高建红
审读编辑	黄家光
装帧设计	姚　荣
出版发行	华东师范大学出版社
社　　址	上海市中山北路 3663 号　邮编　200062
网　　址	www.ecnupress.com.cn
电　　话	021-60821666　行政传真　021-62572105
客服电话	021-62865537
门市(邮购)电话	021-62869887
地　　址	上海市中山北路 3663 号华东师范大学校内先锋路口
网　　店	http://hdsdcbs.tmall.com
印　刷　者	上海盛隆印务有限公司
开　　本	787×1092　1/32
印　　张	7.5
字　　数	135 千字
版　　次	2019 年 11 月第 1 版
印　　次	2019 年 11 月第 1 次
书　　号	ISBN 978-7-5675-9225-4/B・1192
定　　价	58.00 元
出 版 人	王　焰

(如发现本版图书有印订质量问题,请寄回本社客服中心调换或电话 021-62865537 联系)